掌尚文化

Culture is Future

尚文化·掌天下

The Influence of Underwriters' Information Collection on

IPO Pricing Efficiency

——Research Based on the United States and Its Enlightenment to China

李亚婷 著

承销商信息收集
对 IPO 定价效率的影响

——基于美国的研究及对中国的启示

经济管理出版社
ECONOMY & MANAGEMENT PUBLISHING HOUSE

图书在版编目（CIP）数据

承销商信息收集对 IPO 定价效率的影响：基于美国的研究及对中国的启示/李亚婷著 . —北京：经济管理出版社，2022.9
ISBN 978-7-5096-8702-4

Ⅰ.①承…　Ⅱ.①李…　Ⅲ.①股票市场—研究—美国、中国　Ⅳ.①F837.125②F832.51

中国版本图书馆 CIP 数据核字（2022）第 165129 号

策划编辑：张鹤溶
责任编辑：张鹤溶
责任印制：黄章平
责任校对：蔡晓臻

出版发行：经济管理出版社
　　　　　（北京市海淀区北蜂窝 8 号中雅大厦 A 座 11 层　100038）
网　　址：www.E-mp.com.cn
电　　话：（010）51915602
印　　刷：唐山昊达印刷有限公司
经　　销：新华书店
开　　本：720mm×1000mm/16
印　　张：13.5
字　　数：209 千字
版　　次：2022 年 11 月第 1 版　　2022 年 11 月第 1 次印刷
书　　号：ISBN 978-7-5096-8702-4
定　　价：88.00 元

前　言

　　承销商作为一级资本市场最重要的中介机构，承担着通过收集有助于判定首次公开募股（Initial Public Offering，IPO）公司内在价值的信息制定合理的 IPO 发行价格的重要责任。承销商的 IPO 定价效率不仅直接关系到承销商自身的 IPO 承销收入、声誉排名及其未来的承销市场份额，而且直接影响着 IPO 公司能否成功上市融资、公司的股权融资成本、其原始股东的投资回报以及资本市场中广大投资者的投资决策和经济收益。因此，研究承销商的 IPO 定价效率对整个资本市场的健康有序运行和实体经济中资本的有效配置具有重要的意义和价值。

　　本书从美国 IPO 资本市场中承销商的信息收集视角出发，重点研究了承销商路演询价之前的信息收集活动对 IPO 定价效率的影响。选择美国资本市场中的 IPO 公司作为本书的主要研究对象原因有以下三点：首先，2005 年新股发行询价制度改革以前，我国的 IPO 定价一直伴随着较强的行政干预，市场化程度较低。其次，IPO 询价制度改革后，我国的 IPO 承销商既没有自由挑选询价对象的权利，也没有完全自主的 IPO 定价权和配股权，与承销商的 IPO 价值发现功能相比，询价对象能否尽责履职、审慎报价对 IPO 定价效率更为重要。最后，虽然我国的 IPO 主承销商在询价前需要撰写投资价值研究报告，制定 IPO 发行价格区间，但该报告并不对外公开披露，询价对象的报价也不受承销商制定的 IPO 价格区间的限制。与之相比，美国簿记制定价下的 IPO 承销商具有完全自主的 IPO 定价权、配股权和自由挑选路演询价对象的权利。此外，承销商在路演询价之前制定的 IPO 发行价格区间通过 S-1 或 S-1A 文件向公众披露，并且机构投资者的申购报价必须在承销商制定的 IPO 价格区间内波动。综上所述，选择美国资本市场中承销上市的 IPO 公司作为本书的主要研究对象：一方面能够较为有效地研究一级资本市场中最重要的中介机构，即承销商在 IPO 公司价值发现中的作用；另一方面有助于更好地理解成熟资本市场中承销商 IPO 定价的内在机理，为进一步完善我国的询价发行制度，充分发挥我国的 IPO 承销商在新股定价决策中的主观能动性提供有益的借鉴和启示。

美国资本市场中承销商的 IPO 定价信息收集主要包括尽职调查和路演询价两个阶段。本书决定从尽职调查阶段的信息收集入手，研究承销商 IPO 定价效率的原因主要有以下三点：第一，以往有关承销商 IPO 定价效率的研究主要集中于解释"IPO 抑价之谜"产生的原因及其经济后果，较少关注承销商路演之前制定的 IPO 发行价格区间的合理性。第二，现有从信息收集视角出发研究承销商 IPO 定价效率的文献重点关注承销商路演询价阶段的信息收集活动，与承销商路演之前信息收集相关的研究较为匮乏。第三，按照美国《1933 年证券法》中"静默期"的相关规定，IPO 承销商在路演之前不得就此次发行向第三方征询意见或建议。因此，从承销商路演之前的信息收集入手，不但能够系统地研究这一阶段的信息收集活动对承销商 IPO 定价效率的影响，而且能够进一步研究承销商依赖自身力量收集到的 IPO 定价信息与随后从询价机构中收集到的 IPO 定价信息之间的关系，从而有助于深化理解承销商 IPO 定价的内在机理。

鉴于上述原因，本书以委托代理理论、公司治理理论、信息不对称理论、股价信息含量理论和信息成本理论为基础，将 1995~2018 年美国资本市场中承销上市的 IPO 公司作为研究对象，分别从信息质量、信息数量、信息收集和分析能力三个维度出发考察了承销商路演之前的信息收集活动与 IPO 定价效率之间的关系。在此基础上，本书进一步详细地对比研究了我国现行的询价发行制度与美国簿记制定价的主要异同，并结合我国的具体国情和前文的实证研究结果阐述了美国资本市场中承销商的 IPO 定价效率对我国的借鉴和启示意义。本书的主要研究结论如下：

第一，本书第四章重点研究了 IPO 公司外部二级资本市场的股价信息含量对承销商 IPO 定价效率的影响，即股价信息的质量与承销商 IPO 定价效率之间的关系。结果发现，路演之前 IPO 公司同行业已上市公司的股价信息含量越高，承销商制定的 IPO 初始发行价格区间越小，IPO 初始发行价格也越接近公司的内在价值，由此表明承销商在 IPO 尽职调查阶段能够从二级资本市场信息含量较高的股价中挖掘到对 IPO 定价有用的信息，降低对 IPO 公司内在价值的不确定性。此外，研究发现路演之前 IPO 公司同行业已上市公司的股价信息含量越高，承销商路演后对 IPO 初始发行价格的调整幅度越小，IPO 抑价也越低，从而表明当承销商在路演之前能够从二级资本市场的股价中收集到高质量 IPO 定价有用的信息时，承销商对路演中机构投资者私有信息的需求减小。进一步研究发现，当 IPO 公司无形资产占总资产比例较高时，股价信息含量对承销商 IPO 定价效率的影响减小，由此说明二级资本市场中的股价信息作为一种间接信息，其 IPO 价值相关性较低。因此，当 IPO 公司的信息不对称性较高时，承销商会减少对此类信息的依赖，转而通过尽职调查和路演询价收集 IPO 定价有用的信息。最后，将 IPO 公司按照公司治理水平分组后进行研究，结果发现当 IPO 公司独立董事占董事会成员比例较高时，股价信息含量对承销商 IPO 定价效率的影响减小，进而说明当 IPO 公司治理水平较高时，承销商在其 IPO 定价决策中会更多地依赖从 IPO 公司内部收集到的定价有用的信息。

第二，本书第五章重点研究了 IPO 公司内部"软信息"的有效收集对承销商 IPO 定价效率的影响，即承销商能够从 IPO 公司内部收集到的"软信息"数量与 IPO 定价效率之间的关系。结果发现，承销商与 IPO 公司之间的地理距离越近，其制定的 IPO 价格区间越小，IPO 初始发行价格也越接近公司的内在价值，由此说明离 IPO 公司地理距离较近的承销商在路演之前能够以较低的成本从 IPO 公司内部收集到更多有助于判定公司内在价值的"软信息"，从而能够显著降低承销商与 IPO 公司之间的信息不对称程度。此外，承销商与 IPO 公司之间的地理距离越近，其路演后对 IPO 初始发行价格的调整幅度越小，IPO 抑价也越低，由此表明当承销商在 IPO 尽职调查阶段能够以较低的成本从 IPO 公司内部收集到更多定价有用的"软信息"时，其对路演询价中机构投资者私有信息的需求降低。进一步研究发现，当 IPO 公司同行业已上市公司的股价信息含量较高时，承销商与 IPO 公司之间的地理距离对 IPO 定价效率的影响减小，进而说明当承销商路演之前能够以较低的成本从 IPO 公司外部二级资本市场的股价中收集到对高质量 IPO 定价有用的信息时，承销商对 IPO 公司内部"软信息"的需求降低。此外，研究发现当 IPO 公司无形资产占总资产比例较高时，承销商与 IPO 公司之间的地理距离对 IPO 定价效率的影响增强，从而说明当 IPO 公司的信息不对称性较高时，"软信息"的有效收集对提高承销商的 IPO 定价效率更为重要。

第三，考虑到承销商的 IPO 定价效率不仅取决于承销商能够收集到的信息质量和数量，还取决于承销商自身的信息收集和分析能力，本书第六章进一步研究了不同的承销模式对承销商 IPO 定价效率的影响。结果发现，与独立承销商相比，联合承销商制定的 IPO 发行价格区间更小，IPO 初始发行价格也更接近公司的内在价值，这说明联合承销商在 IPO 尽职调查过程中能够更加高效地收集和分析 IPO 定价有用的信息，从而能够有效地降低对 IPO 公司内在价值的不确定性。此外，研究发现与独立承销商相比，联合承销商路演后对 IPO 初始发行价格的调整幅度更大，IPO 抑价更低，由此表明联合承销商不但能够从参与路演询价的机构投资者中收集到更多 IPO 定价有用的私有信息，而且能够更加可信地将此类信息传递给外部资本市场的投资者，从而有效地降低了投资者与 IPO 公司之间的信息不对称程度。进一步研究发现，当 IPO 公司无形资产占总资产比例较高时，联合承销模式对承销商 IPO 定价效率的影响增强，即当 IPO 公司的信息不对称性较高时，联合承销商的信息收集和分析能力对合理地判定 IPO 公司的内在价值更为重要。在上述研究的基础上，本书进一步将联合承销商按照承销商的不同背景分类后进行研究，结果发现，与"非关系型联合承销商"相比，"关系型联合承销商"制定的 IPO 发行价格区间更小，IPO 初始发行价格以及最终确定的 IPO 发行价格也更接近公司的内在价值，从而表明"关系型联合承销商"在 IPO 承销业务中具有显著的信息收集、分析和传播优势，其 IPO 定价效率更高。

第四，研究美国资本市场中承销商的 IPO 定价效率对我国的借鉴和启示意义。结果发现，虽然我国现行的询价发行制度与美国的簿记制定价在总体的IPO定价流程上有着一定的相似性，但由于中美两国的IPO资本市场在发展路径、运作机制、开放水平、成熟程度等方面存在较大的差异，证券监管机构、IPO承销商和机构投资者在新股定价中扮演的角色和担任的职能大相径庭。我国金融资本市场的加速对外开放和IPO注册制的全面推行在尽职调查、路演询价、IPO定价与配股等方面对我国本土券商的信息收集能力、价值研究能力、销售协作能力和业务组织能力均提出了更高的要求。美国的IPO簿记制定价在以下两方面值得我国借鉴：一是取消对主承销商撰写投资价值研究报告的要求，将IPO招股说明书作为投资者判定IPO公司内在价值的首要参考文件；二是重视现场路演活动在降低IPO公司与外部资本市场投资者之间信息不对称中的积极作用，将路演推介活动和询价活动有机结合起来。本书实证研究部分的发现对提高我国资本市场中承销商的IPO定价效率具有以下两点启示意义：一是通过赋予承销商完全自主的IPO定价权和配股权实现承销商在新股发行中的信息收集和价值认证作用；二是鼓励承销商积极拓宽自身的IPO定价信息收集渠道，充分利用二级资本市场股价中的信息提高IPO发行价格的合理性。

本书的学术贡献主要体现在以下几个方面：①现有关于股价信息含量经济后果的研究多探讨股价信息含量如何影响公司管理层、投资者、证券分析师等资本市场参与者的经济决策，未能充分研究股价信息含量对实体经济的直接影响。本书选取IPO公司为样本，重点研究了二级资本市场中的股价信息含量如何通过影响一级资本市场中承销商的IPO定价决策直接影响实体经济中资本的有效配置，从而为探讨股价信息含量的经济后果提供了新的视角。②目前，有关承销商IPO定价信息收集的研究主要集中在考察路演询价阶段机构投资者的申购报价信息以及IPO招股说明书中披露的财务信息质量对承销商IPO定价效率的影响，却极少探讨IPO公司内部定价有用的"软信息"与承销商IPO定价效率之间的关系。本书通过使用承销商与IPO公司之间的地理距离作为承销商"软信息"收集成本的代理变量，系统地研究了此类信息的有效收集对承销商IPO定价效率的影响，从而进一步丰富了"软信息"经济价值研究领域的成果。③现有研究不同的承销模式在新股发行中扮演的角色多关注联合承销模式的风险分担和价值认证作用对 IPO 抑价的影响。本书重点探讨了联合承销商的信息收集和分析能力与承销商制定的 IPO 价格区间、路演后的价格调整以及 IPO 抑价之间的关系，从而进一步拓展了 IPO 联合承销的意义及其经济后果研究领域的成果。④在我国 IPO 定价市场化改革进程中，如何充分发挥 IPO 承销商在新股价值发现中的主观能动性一直是证券监管机构关注的核心问题。本书通过实证分析和理论研究相结合的方式深入探讨了簿记制定价下承销商的 IPO 定价效率对我国的借鉴和启示意义，从而为进一步完善我国的 IPO 询价发行制度，提高我国资本市场中承销商 IPO 定价的合理性提供了有益的政策参考。

目　录

第一章　导论

第一节　研究背景和研究意义

一、研究背景

首次公开募股（Initial Public Offering，IPO）定价是新股发行的核心环节。在我国证券市场成立至今 30 余年的发展历程中，如何放松行政管制，充分发挥 IPO 资本市场主体的自我约束和归位尽责机制，实现 IPO 定价市场化一直是我国 IPO 定价制度改革的核心。在发达国家较为成熟的 IPO 资本市场中，新股最终的发行价格是 IPO 公司、承销商和投资者三方自由博弈的结果，整个定价过程市场化程度较高。与之相比，我国的 IPO 资本市场自 20 世纪 90 年代初成立到 2005 年新股发行询价制度改革（IPO 询价制度改革）以前，IPO 定价机制先后经历了行政化定价、放宽市盈率管制定价和重新限制市盈率定价三个阶段的演变。虽然我国证监会一直不遗余力地朝着 IPO 定价市场化的目标努力，但 IPO 询价制度改革前的 IPO 定价一直伴随着较强的行政干预，新股发行价格无法客观、准确地反映 IPO 公司的内在价值和新股的实际市场供求状况，IPO 定价效率较低。随着我国经济结构的不断转型和资本市场对外开放程度的进一步提高，IPO 承销商和机构投资者参与新股定价的能力和积极性也不断提高，全面推行 IPO 定价市场化改革的时机更加成熟。鉴于此，我国证监会要求自 2005 年 1 月 1 日起，IPO 公司及其主承销商通过初步询价和累计投标询价确定 IPO 发行价格。虽然上述询价方式极大地提高了机构投资者在 IPO 定价中的作用，有利于充分发挥此类投资者的价值发现功能，但询价制下的 IPO 承销商既没有自由选择询价对象的权利，也没有新股自主定价和自由配售的权利（毕子男、孙珏，2007；刘晓峰、李梅，2007），从而极大地限制了承销商发挥其在 IPO 公司价值判定中的积极作用。

为了进一步提高新股发行效率，降低 IPO 公司的发行成本，2012 年 5 月，证监会出台修订后的《证券发行与承销管理办法》，允许主承销商与 IPO 公司自主协商后确定 IPO 发行价格，或在初步询价后直接定价，从而赋予了主承销商一定程度的 IPO 定价权。此外，为了充分发挥承销商在 IPO 定价决策中的主观能动性，2013 年 11 月，证监会出台《中国证监会关于进一步推进新股发行体制改革的意见》，引入主承销商自主配售机制，使 IPO 定价市场化程度进一步提高（郑琦、薛爽，2013，2015）。虽然随着我国资本市场的不断成熟，IPO 承销商在新股定价和配售中的话语权有所增强，但与海外成熟资本市场的 IPO 定价模式相比，我国 IPO 承销商的定价权和配股权仍受到诸多规章制度的限制。就询价对象的资格和数量而言，证监会规定符合条件的投资者可以自行决定是否参与 IPO 网下询价，主承销商无正当理由不得拒绝；此外，当新股发行数量在 4 亿股以下时，主承销商至多可以推荐 20 个机构投资者参与初步询价，询价后的有效报价投资者数量不得少于 10 家，否则必须终止发行。就 IPO 配股而言，虽然询价发行的主承销商可以在有效申购的网下投资者中选择配售对象，但证监会就网上、网下的新股发行比例做出了严格的规定，同时要求 40% 以上网下发行的股票必须优先配售给公募基金、社保基金和养老金，上述机构投资者的配售比例不得低于其他投资者，并且同类投资者的 IPO 获配比例应当相同。最后，无论采用询价发行还是自主定价，我国的新股发行价格在很大程度上仍受到 23 倍市盈率的隐性管制（宋顺林、唐斯圆，2019）。此外，为了抑制过度投机的行为，证监会规定自 2014 年起，IPO 首日最高涨幅不得超过发行价格的 44%，最大跌幅不得低于发行价格的 36%。虽然上述监管要求在一定程度上起到了避免我国资本市场中的 IPO 承销商进行权力寻租，防止新股高价发行引起的高超募及破发等问题，但同时阻碍了 IPO 承销商充分利用自身丰富的行业经验、专业的投资价值研究知识和完全自主的新股定价与配售的权力挖掘对 IPO 定价有用的信息（何平等，2014），降低了承销商的 IPO 定价效率。

在实际的 IPO 定价过程中，虽然我国现行的 IPO 询价发行制度与美国的簿记制定价均要求承销商通过尽职调查制定合理的 IPO 发行价格区间，随后通过路演询价的方式确定 IPO 发行价格，但中美两国的 IPO 承销商与参与路演询价的机构投资者在 IPO 定价中扮演的角色有着较大的差异。具体而言，为了充分发挥机构投资者在 IPO 公司价值发现中的作用，我国证监会要求 IPO 主承销商在向询价对象提供的投资价值研究报告中详细描述了制定 IPO 价格区间使用的估值模型、参数选择等内容，该投资价值研究报告不对外公开披露（邵新建等，2018）。此外，询价机构的申购报价不受承销商制定的 IPO 价格区间的限制，主承销商以询价对象反馈回来的有效报价上下限作为初步询价区间，并在此基础上直接确定 IPO 发行价格，或在初步询价区间内进行累计投标询价后确定最终的新股发行价格。由此可见，我国现行的 IPO 询价发行制度将 IPO 定价权更多地交给了资本市场中投资经验较为丰富、定价研究能力较强的机构投资者。在询价发行过程中，与承销商的价值发现功能相比，机构投资者申购报价信息的客观公允性对 IPO 定价的合理性更为重要（王小锋、张剑，2012）。鉴于上述原因，自 2005 年 IPO 询价制度正式实施以来，我国证监会一直致力于大力发展和培育专业、成熟的机构投资者，通过对以基金、养老金等为代表的风险承受能力较强的机构投资者参与 IPO 询价资格的严格审核，对询价过程中各类违规行为的严厉惩罚以及对询价机构申购报价信息的充分披露，鼓励此类投资者在认真研究 IPO 公司投资价值的基础上理性报价（王林，2013）。

与我国询价发行强调 IPO 资本市场中机构投资者的价值发现功能不同，美国资本市场中的 IPO 承销商在新股定价决策中扮演着至关重要的角色。首先，根据美国证券交易委员会（United States Securities and Exchange Commission，SEC）的相关规定，簿记制定价下的 IPO 承销商必须在尽职调查期间通过充分的信息收集制定 IPO 初始发行价格区间，其中位数应是 IPO 最终发行价格的合理估计。同时，承销商路演询价之前能够根据自身收集到的增量信息对 IPO 初始发行价格区间进行调整，相关信息通过上市注册登记表（S-1）或上市注册登记表补充（S-1A）文件提交 SEC 备案并向公众披露。其次，SEC 允许 IPO 承销商根据机构投资者的价值分析能力和风险承受水平自由选择参与路演的询价对象，路演询价中机构投资者的报价必须在承销商制定的 IPO 价格区间内波动。最后，承销商在综合考虑 IPO 具体发行状况的基础上结合机构投资者的申购报价信息自主定价，其最终确定的新股发行价格不受机构投资者报价范围的限制。由此可见，美国资本市场中承销商制定的 IPO 初始发行价格区间对参与路演询价的机构投资者和 IPO 公司外部的其他投资者而言具有重要的价值指引作用。由于簿记制定价下的 IPO 承销商不仅有 IPO 自主定价权，而且有新股自由配售的权利，因此承销商可以通过优先配股和抑价发行的方式激励定价研究能力较强的机构投资者在路演询价中披露 IPO 定价有用的私有信息，提高 IPO 发行价格的合理性（Hanley，1993；Cornelli and Goldreich，2003）。综上所述，与机构投资者的价值发现功能相比，簿记制定价下的 IPO 承销商能否充分利用自身的行业知识和经验、专业的投资价值分析能力以及完全自主的 IPO 定价权和配股权高效地收集于 IPO 定价有用的信息对 IPO 定价的合理性更为重要。鉴于上述原因，以美国资本市场中承销上市的 IPO 公司作为本书的主要研究对象能够较为有效地研究在市场化程度较高的 IPO 定价模式下，承销商在 IPO 公司价值发现中的作用。

随着我国 IPO 注册制的全面推行以及资本市场对外开放的持续推进，我国金融业对外开放的水平也有了不断提升。2020 年 3 月，证监会发布公告，规定自 2020 年 4 月 1 日起取消对证券公司外资股比的限制，鼓励外资控股券商和外商独资券商进入中国资本市场与我国本土券商公平竞争，进而倒逼国内券商转型升级，提高自身的业务管理水平和服务质量（陈峥嵘，2019）。证券承销业务一直以来都是券商的本源业务，对券商自身的业务收入和行业声誉有着至关重要的作用。在 IPO 资本市场中，判定券商承销业务能力的最终标准是其能否利用自身专业的投资知识和丰富的行业经验高效地收集和分析对 IPO 定价有用的信息，通过制定合理的新股发行价格确保 IPO 公司成功上市融资，实现实体经济中资本的有效配置（张静亚等，2016）。面对来自国际一流券商在 IPO 承销业务领域的激烈竞争，我国本土的券商未来想要在这一领域做大做强就必须积极学习和借鉴海外优秀券商的 IPO 承销理念、承销经验和管理方式，按照国际通行的 IPO 承销业务模式和业务标准为拟上市公司提供高质量的 IPO 承销服务，通过不断提高自身的 IPO 价值研究能力及 IPO 定价、配股的合理性提升自身在国际 IPO 资本市场中的业务竞争力。美国资本市场中的证券承销业务已有近 200 年的发展历史，经过激烈的市场竞争和法制体系建设的不断完善，券商就 IPO 承销业务已经建立起了较为成熟的行业规范和业务标准。鉴于上述原因，研究美国簿记制定价下承销商的 IPO 定价效率以及中美两国 IPO 定价机制的异同有助于进一步完善我国的 IPO 询价发行制度，为充分发挥我国的券商在新股发行中的信息收集和价值认证作用提供有益的借鉴和启示。

美国资本市场中 IPO 承销商承担着协助 IPO 公司成功上市融资，将资本市场广大投资者手中有限的资金合理地配置到实体经济中的重要责任。其具体职责包括就 IPO 公司的合规性展开尽职调查、向 SEC 提交相关的上市申请资料、向组织机构投资者进行路演询价、向资本市场的投资者推销新股、制定合理的 IPO 发行价格、担任 IPO 公司上市后的做市商、为 IPO 公司提供分析师预测等。在整个承销上市的过程中，通过收集于 IPO 定价有用的信息制定合理的新股发行价格最为重要也最为困难。IPO 定价决策之所以重要主要体现在以下两个方面：一方面，如果 IPO 定价过高，承销商可能无法将所有预期发行的股票成功地出售给外部资本市场的投资者。在包销合同下，承销商需要承担股票未能售出的全部损失；在代销合同下，过高的 IPO 发行价格可能直接导致 IPO 公司发行失败，无法按计划上市融资，从而严重影响公司未来可持续运营的能力。此外，在集体诉讼和投资者保护制度相对完善的美国资本市场中，已经申购了新股的投资者一旦发现自己支付的申购价格高于 IPO 公司的内在价值，可能会对承销商提起诉讼。此时，承销商不但面临着败诉赔偿的风险，其自身的承销声誉及未来的承销市场份额也将遭受极大的损害。另一方面，如果 IPO 定价过低，IPO 公司可能无法筹集到进一步发展所需的资金，公司的原始股东也无法合理地实现自身预期的投资回报。此外，由于簿记制定价下承销商的 IPO 承销收入与 IPO 公司的融资总额成正比，此时承销商自身的经济收益也将受到损失。

IPO 定价决策之所以困难主要有以下几点原因：首先，与上市公司相比，IPO 公司的经营时间通常较短，公司治理较不完善，因此公司内部可供承销商收集和分析的各类财务、业务信息数量相对较少。其次，虽然 SEC 要求 IPO 公司在招股说明书中披露公司上市前两年的财务报告、公司主要的运营风险、未来的投资计划等有助于判定公司内在价值的信息，但相关研究发现 IPO 公司上市前普遍存在盈余管理、隐藏坏消息等行为，从而导致 IPO 招股说明书中披露的信息质量较差（Ducharme et al.，2001；Morsfield and Tan，2006）；此外，出于对商业机密保护及未来投资决策灵活性的考虑，IPO 公司的管理层在招股说明书中披露的与公司未来现金流直接相关的信息极为有限。再次，与上市公司相对稳定的运营模式相比，许多 IPO 公司属于新兴行业，其盈利模式尚不成熟、经营风险较高，因此预测此类公司的发展前景相对困难。最后，IPO 发行价格不仅取决于 IPO 公司的基本面特征，还受到公司所处行业、上市时的资本市场宏观环境、投资者情绪等诸多外部因素的影响。由此可见，承销商在判定 IPO 公司的内在价值时不仅需要积极拓宽 IPO 定价信息的收集渠道，提高自身能够收集到的信息质量和数量，而且需要大量运用自身的专业知识、行业经验和职业判断，在综合考虑 IPO 公司内外部因素交互影响的基础上确定最终的新股发行价格。因此，承销商业内将 IPO 定价称之为一项"半艺术半科学"的决策。

鉴于承销商 IPO 定价决策的重要性和复杂性，相关研究领域的学者们就承销商的 IPO 定价效率从多个视角和维度进行了较为全面深入的研究。从目前这一领域的研究成果来看，现有研究得到的一个相对稳健的研究结论为 IPO 存在系统性的抑价现象，即 IPO 公司的首日收盘价格显著高于 IPO 发行价格。这种被称为"IPO抑价之谜"的现象与"IPO热销市场之谜"和"IPO长期弱势之谜"共同构成了IPO资本市场的三大谜团,长期以来都是学术界关注的焦点研究问题。就簿记制定价下承销商的IPO定价效率来说,现有研究都集中在探讨承销商自身的声誉机制和价值认证作用与IPO抑价之间的关系上,较少研究承销商IPO定价的内在机理(Carter and Manaster,1990;Wang and Yung,2011)。从信息收集视角出发研究承销商IPO定价效率的文献多关注承销商路演询价期间的信息收集活动(Cornelli and Goldreich,2003;Lowry and Schwert,2004),极少有研究深入探讨承销商在路演之前的尽职调查阶段究竟通过何种渠道收集对IPO定价有用的信息(Hanley and Hoberg,2009),以及不同类型的信息、承销商自身的IPO定价信息收集和分析能力与IPO定价效率之间又有着怎样的关系。

在上述研究背景下,本书以美国资本市场中1995~2018年承销上市的IPO公司作为主要研究对象,系统地考察了簿记制定价模式下承销商路演询价之前的信息收集活动对IPO定价效率的影响,并在此基础上结合我国IPO发行制度的改革历程及现状对比分析了美国资本市场中承销商的IPO定价效率对我国的借鉴和启示。

二、研究意义

Leland和Pyle(1977)研究指出,资本市场中的信息不对称是金融中介机构存在的主要原因。承销商作为IPO资本市场中最重要的中介机构,承担着收集对IPO定价有用的信息并制定合理的IPO发行价格,将资本市场投资者手中的资金这一稀缺的经济资源有效地配置到实体经济中的重要责任。本书的研究意义主要体现在以下四个方面:

第一,本书的研究有助于拟在美国资本市场承销上市的IPO公司更加深刻地理解和认识影响簿记制定价下承销商IPO定价效率的因素,通过选择合理的IPO承销商和承销模式降低公司的股权融资成本。2020年有34家中国公司赴美上市,筹资总额122.58亿美元,与2019年相比,IPO数量和募资额分别增长了6.25%

和254%。虽然美国资本市场的有效性较高，但是以往的研究结果显示在美国的IPO资本市场中，IPO抑价平均每年给发行公司带来的经济损失是IPO承销费用的3倍之多，这一笔可观的额外发行成本又被称为是"放在桌面上的钱"（Money Left on the Table）。因此，决定赴美上市的IPO公司不仅需要清晰地理解IPO簿记制定价的基本流程，而且应当充分了解承销商的信息收集与IPO定价效率之间的关系，通过制定合理的承销上市策略降低IPO抑价给公司及其原始股东造成的经济损失，提高新股的发行效率。

第二，本书为我国本土的券商深入理解簿记制定价下承销商IPO定价的内在机理，未来更好地与海外承销商在国际IPO资本市场中合作与竞争提供了经验证据。本书研究发现，在市场化程度较高的簿记制定价模式下，承销商不仅能够有效地利用二级资本市场中的股价信息和IPO公司内部的"软信息"提高新股定价的合理性，而且能够充分地利用IPO自主定价和自由配售的权利从询价机构中收集对IPO定价有用的私有信息。此外，本书的研究结果显示联合承销模式能够实现"信息规模经济效益"，进一步研究发现与IPO公司存在信贷关系的承销商加入联合承销团队不仅能够显著提高承销商的IPO定价效率，而且能够更好地起到IPO公司价值认证的作用。因此，随着我国新兴资本市场与海外成熟资本市场双向开放、互联互通的不断深化，我国本土的券商未来在与海外券商合作、竞争IPO承销业务时，应当综合考虑IPO公司所在资本市场的股价信息含量、IPO公司与承销商各自所处的地理位置以及联合承销伙伴的背景，通过选择合适的承销模式及信息收集渠道在争取自身承销收益最大化的同时降低IPO定价失误的风险。

第三，本书为申购美国IPO公司股票的投资者评估簿记制定价下承销商的IPO定价效率、更加准确地判定IPO发行价格的合理性提供了指引。美国资本市场较高的流动性和透明度、较低的交易成本以及相对宽松的外汇管制吸引了海内外众多投资者的青睐。2002～2019年，美国IPO资本市场的海外直接投资占比从15%上升至37%，其中海外个人投资的增长最为明显。IPO公司的信息不对称性和投资风险相对较高，因此美国国内及海外的个人和机构投资者在投资此类公司时应当充分了解影响承销商 IPO 定价合理性的因素，降低 IPO 投资决策失误给自己带来的经济和声誉损失。本书的研究结果显示二级资本市场的股价中含有对 IPO 定价有用的信息，因此投资者在制定 IPO 投资决策时应当充分利用股价中的增量信息。此外，本书研究发现 IPO 公司内部"软信息"的有效收集对提高承销商 IPO 定价的合理性具有重要的价值，因此投资者应当关注承销商与 IPO 公司之间的地理距离对承销商"软信息"收集成本的影响。最后，本书的研究结果显示"关系型联合承销商"制定的 IPO 发行价格更接近公司的内在价值，因此美国 IPO 资本市场的投资者应当综合权衡此类承销商的 IPO 定价信息收集、分析和传播优势及其潜在的利益冲突问题，通过制定合理的投资策略实现自身 IPO 投资收益最大化。

第四，本书为我国的证券监管机构进一步完善 IPO 定价制度，充分发挥承销商的 IPO 价值发现功能提供了一定的政策参考。2005 年 IPO 询价制度正式实施后，证监会在充分考虑我国多层次资本市场实际发展需求的基础上，积极借鉴海外成熟资本市场的经验，通过对 IPO 审核制度、定价机制和发行方式的一系列改革，极大地促进了我国 IPO 承销业务模式与国际惯例接轨，为充分发挥承销商的 IPO 价值发现功能奠定了良好的制度基础。但与美国的资本市场相比，目前我国的资本市场仍处于弱势有效阶段，二级资本市场中的股价信息含量较低。此外，在我国现行的询价发行制度下，承销商并没有完全自主的 IPO 定价权与配股权。上述因素极大地限制了我国的承销商和机构投资者在 IPO 公司价值发现中的积极作用，阻碍了 IPO 定价市场化的发展进程。鉴于此，本书通过理论研究与实证分析相结合的方式重点探讨了美国簿记制定价下承销商 IPO 定价的内在机理，进而为 IPO 注册制全面推行后如何进一步完善我国的 IPO 询价发行制度，充分发挥券商在新股定价决策中的主观能动性提供了有益的借鉴和启示。

第二节 研究思路和研究方法

一、研究思路

目前，与承销商 IPO 定价效率相关的研究主要以信息不对称理论和委托代理理论为基础，探讨承销商制定的 IPO 发行价格与 IPO 公司内在价值之间的关系。因此，本书首先对这一研究领域现有的文献进行了系统的梳理、分析和总结，结果发现就承销商的 IPO 定价效率来说，学者研究最多的两个假说分别是"投资银行卖方垄断假说"和"部分调整假说"。以 Baron（1982）为代表的一系列研究从承销商与 IPO 公司之间的信息不对称视角出发，研究了承销商的市场力量，如丰富的上市经验、高质量的机构投资者客户、明星分析师等对 IPO 定价效率的影响。相关研究结果显示，承销商能够利用自身的市场力量收集到更多对 IPO 定价有用的信息，由于 IPO 公司无法有效地监督和约束承销商的 IPO 定价决策，承销商在与 IPO 公司博弈的过程中处于优势地位，因此能够通过制定低于 IPO 公司内在价值的发行价格确保 IPO 公司成功上市，并由此提出了"投资银行卖方垄断假说"。以 Benveniste 和 Spindt（1989）为代表的研究从承销商与机构投资者之间的信息不对称视角出发，重点研究了承销商如何利用从参与路演询价的机构投资者中收集到的私有信息对 IPO 初始发行价格进行调整。相关研究结果显示，为了鼓励机构投资者在路演询价中披露 IPO 定价有用的私有信息，承销商需要以较高的 IPO 抑价和优先配股的方式对此类投资者私有信息的收集和披露成本进行补偿，并在此基础上提出了"部分调整假说"。总体来看，上述两大主要研究假说均以信息不对称理论为基础，但不同假说关注的信息不对称主体不同。此外，"投资银行卖方垄断假说"认为承销商和 IPO 公司之间存在较为严重的委托代理冲突，而"部分调整假说"则没有考虑委托代理的问题。在具体的研究设计层面，"投资银行卖方垄断假说"主要关注承销商的市场力量与 IPO 抑价之间的关系，并未具体研究承销商的信息收集对 IPO 定价效率的影响，而"部分调整假说"则重点研究了承销商路演询价阶段的信息收集与 IPO 抑价之间的关系。以上两类研究均未涉及承销商路演询价之前究竟如何收集于 IPO 定价有用的信息，不同类型的信息与承销商制定的 IPO 初始发行价格区间、路演询价后的价格调整以及 IPO 抑价之间又存在着怎样的关系。

在对上述文献进行回顾的基础上，本书进一步分析了美国资本市场中的 IPO 承销制度背景，结果发现，根据《1933 年证券法》，承销商在制定 IPO 发行价格时必须严格遵守以下三点规定：第一，承销商在正式承接 IPO 项目之后便进入了"静默期"，路演之前承销商不得就此次发行向任何外部投资者或其他第三方征询意见或建议。第二，承销商必须在路演询价之前对 IPO 公司进行全面的尽职调查，在此基础上制定合理的 IPO 发行价格区间并提交 SEC 进行备案；承销商路演询价之前可以对 IPO 发行价格区间进行调整，IPO 最终的发行价格理论上应为初始定价区间的中位数。第三，承销商在向 SEC 提交最终确定的 IPO 价格区间后便可以正式启动路演程序，通过询价的方式收集机构投资者的申购报价信息；每个询价机构可以提供多个 IPO 申购报价以及与之对应的新股申购数量，但所有的报价必须在承销商制定的 IPO 价格区间内波动，承销商具有最终的 IPO 定价权和配股权。根据上述规定，簿记制定价下的承销商在制定 IPO 初始发行价格区间时主要依赖自身的信息收集渠道及信息收集和分析能力判定 IPO 公司的内在价值，而路演后的价格调整则主要依赖于从机构投资者中收集到的私有信息。根据"部分调整假说"，机构投资者从自身投资收益最大化出发，通常不愿意向承销商披露与 IPO 公司内在价值相关的信息，因此承销商从此类投资者中获取 IPO 定价信息的成本较高。由此可见，承销商路演之前信息收集的有效性直接决定了承销商对参与路演询价机构投资者私有信息的依赖程度；承销商制定的 IPO 初始发行价格区间与路演后的价格调整和 IPO 抑价之间存在紧密的内在逻辑联系。鉴于上述原因，从承销商路演之前的信息收集入手，一方面能够系统地研究承销商在尽职调查阶段究竟通过哪些渠道收集对 IPO 定价有用的信息，不同来源的信息质量、数量以及承销商的信息收集和分析能力如何影响承销商的 IPO 定价效率；另一方面能够进一步研究承销商路演之前依赖自身力量收集到的信息与从参与询价的机构投资者中收集到的私有信息之间的关系，从而有助于更加全面、深入地理解承销商 IPO 定价的内在机理。

其次在确定了本书的研究将重点关注承销商路演之前的信息收集活动与 IPO 定价效率之间的关系后，本书根据各类信息的 IPO 价值相关性将承销商在尽职调查阶段收集到的 IPO 定价信息划分为：来自 IPO 公司内部的直接信息和来自 IPO 公司外部的间接信息。其中，间接信息指承销商从 IPO 公司外部资本市场或实体经济中收集到的 IPO 定价信息，此类信息主要包括 IPO 公司竞争对手的市场前景、IPO 公司所在资本市场的宏观环境、IPO 公司产业价值链的发展变化、IPO 公司所在行业的科技发展水平、IPO 公司客户和供应商的信息等，并在本书第四章中重点研究了 IPO 公司外部二级资本市场的股价信息含量对承销商 IPO 定价效率的影响。虽然股价信息能够以相对较低的成本公开、及时地获取，但是与来自 IPO 公司内部的信息相比，股价信息的 IPO 价值相关性较低。鉴于上述原因，本书第四章进一步研究了股价信息含量对承销商 IPO 定价效率的影响与 IPO 公司的信息不对称性和公司治理水平之间的关系。

再次就来自 IPO 公司内部定价有用的直接信息而言，本书根据 Petersen 和 Rajan（1994）、Datsuke 和 ARAI（2010）等在研究文献中对"硬信息"（Hard Information）和"软信息"（Soft Information）的定义，将承销商从 IPO 公司内部收集到的定价信息划分为：能够客观量化后通过电子编码进行长期存储和远程传输的"硬信息"，如 IPO 公司管理层向承销商提供的各类企业预算、现金流预测、财务报告等信息和主观性较高、难以量化、需要承销商亲自拜访 IPO 公司才能够进行有效收集的各类"软信息"，如 IPO 公司的企业文化、公司治理水平、管理层的决策能力、员工素质、无形资产的价值等，并在本书第五章中重点研究了 IPO 公司内部"软信息"的有效收集对承销商 IPO 定价效率的影响。虽然与二级资本市场中的股价信息相比，"软信息"的 IPO 价值相关性较高，但"软信息"非直观、定性化等特征决定了此类信息的有效收集和分析不但需要承销商深入 IPO 公司内部进行较长时间的实地考察和现场访谈，而且需要承销商运用大量的行业经验和主观判断，其收集和分析的成本也相对较高。鉴于此，本书第五章进一步研究了"软信息"的收集对承销商 IPO 定价效率的影响与 IPO 公司内在价值的不确定性及 IPO 公司外部资本市场的股价信息含量之间的关系。

又次由于承销商的 IPO 定价效率不仅与承销商能够收集到的各类 IPO 定价信息的质量和数量直接相关，而且取决于承销商自身的信息收集和分析能力，本书在第六章中重点研究了不同的承销模式对承销商 IPO 定价效率的影响。从 IPO 承销模式出发不仅能够研究独立承销商和联合承销商的信息收集和分析能力与 IPO 定价效率之间的关系，而且能够同时检验上述两类承销商的 IPO 定价信息传播能力对 IPO 抑价的影响。此外，为了更好地理解 IPO 联合承销模式在新股定价信息收集、分析和传播中扮演的角色，在上述研究的基础上，本书第六章以 1999 年美国国会废除《格拉斯—斯蒂格尔法案》中要求传统银行业务与证券承销业务分业经营的条款为背景，进一步研究了联合承销模式下的"关系型联合承销商"和"非关系型联合承销商"对 IPO 定价效率的影响。

最后虽然在监管要求、开放程度、定价制度等方面中美两国的 IPO 资本市场仍存在较大的差异，但随着我国 A 股正式加入 MSCI 新兴市场指数和 MSCI ACWI 全球指数以及我国金融市场的加速对外开放，我国 IPO 资本市场的国际化水平将进一步提升，国内的券商将与来自海外资本市场的一流券商同台竞争 IPO 承销业务。此外，我国于 2020 年 3 月起开始全面推行海外成熟资本市场普遍采用的 IPO 注册发行制度。与核准制相比较，IPO 注册发行制对我国承销商的 IPO 定价信息收集能力、IPO 公司投资价值和投资风险的研究能力、IPO 承销业务的组织能力以及 IPO 定价和配售的能力均提出了更高的要求。鉴于此，本书第七章详细地分析了我国 IPO 审核制度和定价制度的改革历程及发展现状，并在此基础上对比研究了美国的簿记制定价与我国现行的询价发行制度之间的主要异同。随后，结合前文理论分析和实证研究发现，根据我国当前的具体国情进一步阐述了美国资本市场中承销商的 IPO 定价效率对我国的借鉴和启示意义。本书的主要研究思路如图 1-1 所示。

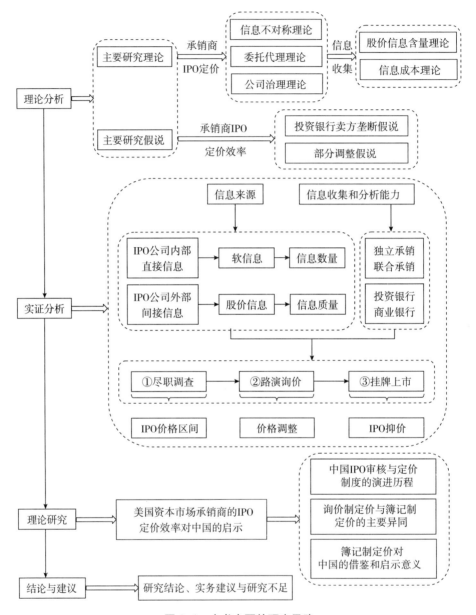

图 1-1　本书主要的研究思路

二、研究方法

本书主要运用传统金融学、财务会计学、计量经济学等多学科知识，采用规范研究与实证研究、逻辑推理和统计分析相结合的方法进行研究。

1. 规范研究

规范研究主要用于回答"应该是什么"。在进行承销商 IPO 定价效率研究初期，首先，本书采用规范研究的方法对这一研究问题进行理论探索，确定本书的主要研究范围。具体而言，通过系统梳理研究中国资本市场 IPO 定价效率的文献发现，相关领域的研究结果显示我国的新股发行价格普遍偏离 IPO 公司内在价值，新股上市首日的抑价率远高于海外成熟资本市场。随后，通过系统地分析中美两国的 IPO 定价制度背景、IPO 定价流程以及 IPO 承销商与参与路演询价的机构投资者在 IPO 定价决策中扮演的角色，本书发现与我国的 IPO 询价发行方式相比，在美国市场化程度较高的簿记制定价模式下，IPO 承销商能否高效地收集和分析对 IPO 定价有用的信息对 IPO 发行价格的合理性起着至关重要的作用。鉴于此，本书决定通过实证研究的方法深入探讨簿记制定价下承销商的信息收集与 IPO 定价效率之间的关系，并在此基础上进一步通过理论研究分析簿记制定价下承销商的 IPO 定价效率对我国的借鉴和启示意义。

其次，在确定了本书的主要研究范围后，本书结合美国资本市场中 IPO 承销上市的基本流程对簿记制定价下承销商的 IPO 定价决策进行思考，重点关注承销商在 IPO 尽职调查阶段和路演询价阶段的信息收集活动。在上述分析的基础上，本书对现有的探讨美国簿记制定价模式下承销商 IPO 定价效率的文献进行了全面系统的梳理，通过归纳总结现有研究的主要研究成果及其不足之处确定可能进一步拓展的研究方向。具体而言，本书发现以往研究承销商 IPO 定价效率的文献重点关注 IPO 抑价产生的原因及其经济后果，与承销商 IPO 定价信息收集相关的文献则重点探讨路演询价过程中的信息收集活动。鉴于此，本书决定从信息收集的视角出发，重点考察承销商路演之前的信息收集活动与其制定的 IPO 价格区间、路演后的价格调整和 IPO 抑价之间的关系。

再次，在确定了本书的研究方向后，本书通过规范研究的方法进一步对承销商路演询价之前的信息收集活动进行深入剖析，提炼本书的具体研究问题。例如，通过对 SEC 的新股发行要求以及美国《1933 年证券法》中相关规定的研究，本书发现簿记制定价下的 IPO 承销商在尽职调查过程中必须完全依赖自身的力量收集和分析对 IPO 定价有用的信息，此类信息主要包括来自 IPO 公司内部的直接信息和来自 IPO 公司外部的间接信息。随后，通过系统地研读和梳理信息收集对资本市场参与者经济决策影响的研究理论和研究文献，本书发现来自 IPO 公司内部的直接信息又可以进一步分为："软信息" 和 "硬信息"，而以往的研究文献极少探讨 "软信息" 的有效收集对承销商 IPO 定价效率的影响。在上述理论分析和逻辑推理的基础上，本书决定重点研究 IPO 公司内部的 "软信息" 与承销商 IPO 定价效率之间的关系。

最后，在确定了本书的具体研究问题后，本书总结了与每个研究问题直接相关的研究理论，并在此基础上进一步梳理了相关研究领域中的主要研究文献。例如，在研究股价信息含量对承销商 IPO 定价效率的影响时，本书在理论研究部分重点总结了涉及这一研究问题的主要研究理论，即信息不对称理论、公司治理理论和股价信息含量理论，上述研究理论为实证分析奠定了坚实的理论基础。随后，本书在文献综述部分对与股价信息含量经济后果相关的研究文献进行了系统的分析和总结。综上所述，本书通过规范研究的方法确立了总体的研究范围、主要的研究方向和具体的研究问题。

2. 实证研究

实证研究主要用于解决 "实际上是什么" 和 "为什么" 两类问题。在通过规范研究的方法确定了本书实证分析部分的具体研究问题后，本书在每个研究问题对应的章节中对承销商路演之前的信息收集活动与 IPO 定价效率之间的关系进行了逻辑推理，并在此基础上得到能够通过实证研究进行检验的具体研究假设。例如，在研究二级资本市场中的股价信息含量对承销商 IPO 定价效率的影响时，本书通过以下三个方面的理论推理和逻辑论证得到第一个主要的研究假设：首先，IPO 公司和承销商均有着强烈的动机提高 IPO 发行价格的合理性；其次，IPO 公司同行业已上市公司的股价中含有对 IPO 定价有用的增量信息；最后，承销商路演之前能够积极地从二级资本市场的股价中收集于 IPO 定价有用的信息，提高自身的 IPO 定价效率。根据上述假设推理，IPO 公司同行业已上市公司的股价信息含量越高，承销商制定的 IPO 价格区间越小，IPO 初始定价也就越接近公司的内在价值。在确定了具体的研究假设后，本书根据以往相关领域的研究文献和计量经济学的基本理论进行研究设计，构建合理的研究模型并选择适当的代理变量，随后通过收集相关的研究数据进行样本筛选和实证分析。

本书采用的实证研究方法主要包括描述性统计分析、相关性分析和多元线性回归分析。其中，描述性统计通过最小值、最大值、均值、中位数、25%分位数、75%分位数和标准差对主要研究变量的基本数据结构进行分析，从而形成对整体研究样本和研究观测宏观结构上的理解和认识。相关性分析主要采用 Pearson 相关系数法对主要变量之间的相关关系进行检验，考察变量的选取是否合理。多元线性回归分析则主要采用了最小二乘线性模型和两阶段最小二乘模型对本书的具体研究假设进行检验。上述实证研究的方法在本书第四章至第六章均有应用，为本书的理论研究和假设推理提供了相关的经验证据。本书利用 Stata 15.0 软件对选取的样本数据进行统计检验和实证分析。

第三节　研究内容和研究框架

本书的研究内容总共分为八章，具体的结构安排如下：

第一章是导论。本章首先介绍了本书的研究背景和研究意义，随后阐述了本书的主要研究思路和研究方法；在此基础上，本章对本书的具体研究内容和研究框架进行了详细的解释和说明，并总结了本书的研究创新和研究贡献。

第二章是理论基础和文献综述。本章首先介绍了本书涉及的主要研究理论，即委托代理理论、公司治理理论、信息不对称理论、信息成本理论和股价信息含量理论；在此基础上，本章分别对 IPO 定价效率、股价信息含量的经济后果、"软信息"收集的经济后果和联合承销的意义及其经济后果四个研究领域的文献进行了系统的梳理和总结。

第三章是美国资本市场的 IPO 承销制度背景。本章主要介绍了美国资本市场的 IPO 承销业务的发展历程、IPO 承销方式和承销合同；随后，本章分析了 IPO 承销上市的基本流程，重点关注采用簿记制定价的 IPO 承销商在新股发行不同阶段的主要职能。

第四章是股价信息含量与承销商 IPO 定价效率。本章研究了 IPO 公司外部二级资本市场中的股价信息含量与承销商 IPO 定价效率之间的关系。在此基础上，本章进一步研究了对于信息不对称性和公司治理水平不同的 IPO 公司来说，承销商在制定 IPO 发行价格时对二级资本市场中股价信息的依赖程度如何变化。

第五章是"软信息"收集与承销商 IPO 定价效率。本章研究了 IPO 公司内部"软信息"的有效收集与承销商 IPO 定价效率之间的关系。在此基础上，本章进一步考察了"软信息"收集对承销商 IPO 定价效率的影响与 IPO 公司内在价值的不确定性和 IPO 公司外部二级资本市场中的股价信息含量之间的关系。

第六章是联合承销模式与承销商 IPO 定价效率。本章研究了独立承销商和联合承销商的信息收集和分析能力对 IPO 定价效率的影响，并在此基础上进一步研究了不同的承销模式对新股定价效率的影响与 IPO 公司信息不对称性之间的关系。此外，为了更好地理解联合承销模式在 IPO 定价信息收集中扮演的角色，本章最后以联合承销上市的 IPO 公司为研究样本，探讨了"关系型联合承销商"和"非关系型联合承销商"对 IPO 定价效率的影响。

第七章是美国资本市场承销商的 IPO 定价效率对中国的借鉴和启示。本章首先详细地分析了我国 IPO 审核制度和定价制度的演进历程，并在对比研究中美两国 IPO 定价机制主要异同的基础上阐述了美国的 IPO 簿记制定价对我国的借鉴意义。其次本章结合我国的具体国情和前文的主要研究发现分析了簿记制定价下承销商的 IPO 定价效率对进一步完善我国的 IPO 定价制度、充分发挥我国 IPO 承销商在新股定价决策中的主观能动性的启示。

第八章是本书的结论与建议。本章首先归纳总结了本书的主要研究发现和研究结论，并在此基础上结合前文的理论分析和实证研究的结果对进一步提高我国新股定价的合理性，实现资本市场引导实体经济中资本的有效配置提出相关的政策建议；其次本章分析了本书存在的研究不足之处以及未来可能进一步探索的研究问题。

基于上述主要研究内容的阐述，本书的整体研究框架如图 1-2 所示。

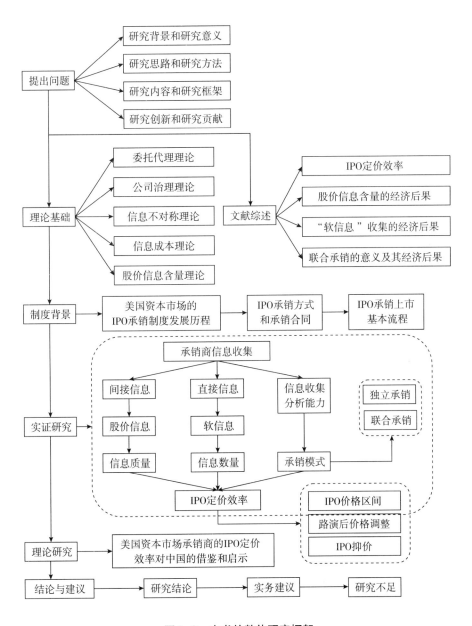

图 1-2　本书的整体研究框架

第四节 研究创新和研究贡献

本书从美国 IPO 资本市场中承销商路演询价之前的信息收集视角出发，实证分析了 IPO 公司外部二级资本市场中的股价信息含量、IPO 公司内部"软信息"的有效收集以及承销商自身的信息收集和分析能力对 IPO 定价效率的影响，并在此基础上通过理论研究的方法对比分析了中美两国 IPO 定价机制的主要异同以及簿记制定价下承销商的 IPO 定价效率对我国的借鉴和启示意义。本书的研究创新和研究贡献主要体现在以下几个方面：

一、为研究股价信息含量的经济后果提供了新的视角

目前有关股价信息含量经济后果的研究多从上市公司管理层、资本市场投资者、评级机构、证券分析师等利益相关方的视角出发，研究股价信息含量对上述资本市场参与者经济决策的影响。这一领域的研究发现普遍支持"股价信息反馈效应假说"，即二级资本市场中的股价信息含量显著影响资本市场参与者经济决策的有效性，极少有研究深入探讨股价信息含量是否能够直接影响实体经济中资源的有效配置。鉴于此，本书从一级资本市场中承销商 IPO 定价的视角出发，重点研究了 IPO 公司外部二级资本市场中的股价信息含量能否通过影响承销商的 IPO 定价效率直接影响实体经济中资本的有效配置，从而为探讨股价信息含量的经济后果提供了新的视角。

二、丰富了"软信息"收集经济后果的研究

从信息收集视角出发，研究承销商 IPO 定价效率的文献主要集中在研究路演询价过程中机构投资者的申购报价信息以及 IPO 招股说明书中披露的财务信息质量对承销商 IPO 定价效率的影响，极少有研究深入探讨来自 IPO 公司内部定价有

用的"软信息"与承销商 IPO 定价效率之间的关系。鉴于"软信息"的有效收集在承销商的 IPO 定价决策中扮演着极其重要的角色，本书以承销商与 IPO 公司之间的地理距离作为承销商"软信息"收集成本的代理变量，系统地研究了此类信息的有效收集对承销商 IPO 定价效率的影响，从而进一步丰富了"软信息"收集的经济后果研究领域的成果，深化了对此类信息在承销商 IPO 定价决策中特殊重要性的认识。

三、拓展了联合承销模式研究领域的成果

现有研究联合承销的文献多从联合承销商的风险分担、价值认证、市场力量等视角出发，探讨联合承销模式与 IPO 抑价之间的关系。本书从承销商自身的信息收集和分析能力入手，重点研究了不同的承销模式对承销商制定的 IPO 初始发行价格区间、路演后的价格调整和 IPO 抑价的影响，结果发现，与独立承销商相比，联合承销商在 IPO 尽职调查和路演询价阶段均有着显著的信息收集和分析优势，此类承销商不仅能够通过优化的资源整合和专业的分工合作有效扩大 IPO 定价信息的收集范围，降低自身对 IPO 公司内在价值的不确定性，而且能够更加可信地将于 IPO 定价有用的信息传递给外部资本市场的投资者，从而显著地降低了投资者与 IPO 公司之间的信息不对称程度。上述发现进一步深化了对联合承销模式存在的意义及其经济后果的认识和理解，拓展了相关领域的研究成果。

四、为进一步完善我国的 IPO 询价发行制度提供有益的借鉴和启示

在我国证券市场成立至今的 30 多年发展历程中，如何充分发挥承销商在 IPO 公司价值发现中的主观能动性一直是我国 IPO 定价制度改革的核心问题。美国资本市场中的 IPO 承销商有近 200 年的发展历程已经建立起了较为成熟的 IPO 承销理念和较为规范的 IPO 业务标准、业务模式及业务流程。本书的研究结果显示，在法制建设与投资者保护制度较为完善的美国 IPO 资本市场中，簿记制定价下的 IPO 承销商在新股定价过程中出于自身的承销声誉、当前和未来的承销市场份额以及诉讼风险的考虑能够有效地利用新股自主定价和自由配售的权利，通过

综合权衡各类 IPO 定价信息的收集成本及其 IPO 价值相关性提高新股发行价格的合理性，从而有效地促进了资本市场更好地服务于实体经济。在我国金融资本市场全面对外开放以及 IPO 注册制正式实施的背景下，上述研究发现对进一步完善我国的 IPO 定价机制，充分发挥我国承销商的 IPO 价值发现功能具有一定的借鉴和启示意义。

第二章　理论基础和文献综述

第一节　理论基础

一、委托代理理论

委托代理理论是现代契约理论最重要的内容之一，由 Michael C. Jensen 和 William H. Meckling 在 1976 年发表的论文《企业理论：管理行为、代理成本及其所有权结构》（*Theory of the Firm：Managerial Behavior，Agency Costs and Owner-ship Structure*）中首次提出。该理论主要解释了委托人和代理人之间应当如何最佳地组织关系，从而能够使一方负责制定目标而另一方负责执行和完成目标。在委托代理关系中，委托人聘请代理人代表自己开展业务，最终达到自己设定的目标。在现代股份制企业中，委托人是公司的股东，代理人是以董事会为最高代表的公司管理层。由于各种条件的限制，股东通常无法直接参与公司的日常运营管理活动，因此授权公司的管理层代表自己制定各种公司日常运营的经济决策。委托代理理论认为，委托人和代理人各自最终的目标是实现自身利益最大化，因此当委托人和代理人的目标不一致或出现冲突时，代理人将会选择有助于实现自身利益的行动方式。现代公司治理研究中通常使用代理损失，即委托人从代理人利益最大化出发应该得到的结果与代理人实际行为得到的结果之间的差距来衡量委托代理问题的严重性，代理人的行为偏离委托人的目标越远，代理损失越大。因此在现代企业中，作为委托人的公司股东为了确保自身利益最大化，必须采取措施降低上述代理损失。有关委托代理理论的研究表明，在满足以下两个基本条件时，代理损失将会趋近于零：第一，委托人和代理人各自的利益必须尽量趋同；第二，委托人能够有效监督代理人的一切行为。

承销商与 IPO 公司之间的契约关系是一种典型的委托代理关系。承销商作为 IPO 资本市场中的重要中介机构，对公司上市融资有着丰富的专业知识和行业经验，因此 IPO 公司的股东委托承销商代表自己负责与公司上市相关的一切活动。在上述委托代理关系中，IPO 公司的股东作为委托人，其目标是公司能够以尽量接近其内在价值的发行价格成功上市，以最低的权益融资成本筹集到最多的资金。承销商作为代理人，其自身利益最大化的目标受到多重因素的影响：一方面，承销商希望赚取更高的 IPO 承销收入，因此有动机制定较高的 IPO 发行价格；另一方面，承销商希望 IPO 公司能够成功上市，从而提高自己在承销市场中的声誉排名和未来获得更多承销业务的机会，因此也有动机制定低于 IPO 公司内在价值的发行价格。由于承销商和 IPO 公司股东的目标并不完全一致，因此 IPO 公司的股东必须通过与承销商签订合同或其他合法可行的方式对承销商的行为进行有效规范和监督。与一般的委托代理关系不同，由于公司的上市行为影响着资本市场中众多利益相关方的经济决策和经济利益，因此除了 IPO 公司的股东外，SEC 也会按照《1933 年证券法》中的相关要求对承销商的行为进行管理和监督。此外，如果承销商制定的 IPO 发行价格偏离公司内在价值较大，IPO 公司、资本市场中的投资者和监管机构均可能对承销商提起法律诉讼，使承销商遭受财产和声誉的双重损失。由此可见，承销商 IPO 承销业务最终目标的实现需要综合权衡上述多方面的因素。IPO 公司的股东能否有效地降低承销商的代理损失，一方面取决于承销商和 IPO 公司各自的最终目标在多大程度上达成了一致；另一方面取决于 IPO 公司的股东能否对承销商的 IPO 定价行为进行有效监督。

二、公司治理理论

公司治理理论最早起源于经济学家亚当·斯密 1776 年在其著作《国富论》中对委托代理问题的深刻论述。亚当·斯密指出当管理者不是被管理资产的最终所有者时，管理者可能会以牺牲资产实际所有者的利益为代价实现自身利益的最大化。上述所有权与控制权相分离引发的公司外部股东与公司内部管理者之间的利益冲突是现代公司治理的核心问题。1932 年，Adolf A. Berle 和 Gardiner C. Means 出版了《现代公司与私有财产》（*The Modern Corporation and Private Property*）一书，首次明确提出了公司两权分离的概念并系统地研究了所有权与控制权相分离可能导致的利益冲突问题，由此奠定了现代公司治理理论的基础。1975 年，Oliver-E. Williamson 提出了公司治理结构的概念，认为公司的股东应当通过合理设置董事会及定期召开股东大会的形式对管理层进行有效监督，上述通过制度安排进行公司治理的理念又被称为狭义的公司治理。

1983 年，Eugene F. Fama 和 Michael C. Jensen 提出了现代公司治理的概念，明确指出公司治理应当致力于解决委托人和代理人之间的利益冲突问题，降低公司的代理成本。随后，这一研究领域的学者从多个维度不断丰富公司治理概念的内涵，其中研究最多的问题是董事会在公司治理中的作用。现代企业的董事由公司的股东选举和任命，代表股东经营公司的日常业务、制定各项经济决策并对公司的其他管理层和员工进行监督和指导。董事会的高效运作决定了股东价值的最终实现，在整个公司治理中起着至关重要的作用。随着公司治理理论的不断发展，股东之外的利益相关方在公司治理中扮演的角色也引起了学者的广泛关注和研究。2004 年，Jill Solomon 和 Aris Solomon 在《公司治理与问责制》（*Corporate Governance and Accountability*）一书中深刻论述了现代公司治理的理念，强调公司只有协调好内外部各个重要利益相关方的关系，本着对所有利益相关方负责的原则经营才能够实现长期收益最大化的目标。此后，越来越多的学者在公司治理研究中采用了利益相关方理论，利益相关方涵盖的范围不断扩大。现代公司治理理论认为企业的众多利益相关方共同承担着企业经营的剩余风险，因此公司治理的重要目标之一是通过设计有效的制度和措施确保所有的利益相关方能够公平、公正地参与到公司治理中，最终实现合作共赢的目标。综上所述，建立在委托代理理论和利益相关方理论基础上的公司治理理论是一个多维度、多层次、内容极其丰富并且仍在不断充实发展的概念框架。

就 IPO 公司而言，公司治理的重要意义主要体现在以下三点：首先，IPO 公司上市前大多由其创始人、主要投资人代表和少量的职业经理人共同经营管理，所有者和经营者的利益趋同性相对较高，委托代理冲突较小，委托代理成本也较低；与之相比较，IPO 公司上市后股东分散性较强，中小股东监督公司的能力较弱，因此良好的公司治理对投资者保护具有重要的意义和价值。其次，IPO 是公司创始人、风险投资、私募基金等实现自身投资回报的最佳途径，因此上述利益相关方为了实现成功上市的目标，有动机通过隐藏坏消息、盈余管理等不正当手段虚增公司的投资价值，误导外部资本市场的投资者。上述道德风险造成的逆向选择问题将会严重降低资本市场的运行效率和实体经济中资本的有效配置。最后，IPO 公司的公司治理水平影响着承销商的 IPO 定价效率：一方面，IPO 公司治理水平直接决定了承销商在尽职调查过程中能够从 IPO 公司内部收集到的于定价有用的信息数量和质量；另一方面，IPO 公司治理水平直接决定了公司能否实现其招股说明书中设定的各项目标，进而决定了公司能否最终实现其预期的现金流和内在价值。综上所述，IPO 影响着资本市场众多利益相关方的经济决策和投资收益，如何权衡与协调各利益相关方的不同诉求，成功实现 IPO 公司向公众资本市场的平稳过渡是 IPO 公司治理的重要目标。

三、股价信息含量理论

1945 年，Friedrich von Hayek 在《知识在社会中的运用》（*The use of knowledge in Society*）一文中首次指出二级资本市场的股价中包含着大量对决策有用的信息。根据 Hayek 的理论分析，资本市场中的广大投资者为了实现自身投资收益最大化会通过各种信息收集渠道挖掘与被投资公司内在价值相关的信息，这些私有信息通过投资者的股票交易活动公开、及时地反映到了上市公司的股价当中。

上述理论自提出时起便得到了学术界的广泛关注和研究，其中探讨最多且最富有争议的研究问题是股价信息含量与上市公司管理层经济决策之间的关系。相关研究领域的学者就这一研究问题提出了两种截然相反的观点：一种观点认为，股价只是上市公司管理层过去、当前和未来各种经济决策后果的被动反映，并不会反过来影响企业管理层的各项经济决策。支持上述理论的学者认为资本市场的投资者可以向公司管理层传达自己对公司各种经济行为和经济决策的预期和看法，但并不能够影响管理层的经济决策（Morck et al.，1990）。另一种观点则认为，二级资本市场的股价中包含了大量投资者收集到的私有信息，此类信息与上市公司管理层掌握的信息具有互补关系，因此股价中的增量信息有助于公司管理层优化自身的投资、融资等经济决策（Baumol，1965）。由于与其他信息相比，股价信息作为一种公共品可以公开地从证券市场中以较低的成本和较高的时效性进行收集，因此除了上市公司的管理层外，所有的资本市场参与者理论上均能够通过收集股价中的信息优化自身的经济决策。基于上述理论分析，越来越多的学者开始研究二级资本市场中的股价信息含量对投资者、监管机构、证券分析师、评级机构等上市公司管理层之外的资本市场参与者经济决策的影响，进一步检验股价信息含量理论的适用范围。

股价信息含量理论对研究承销商的 IPO 定价决策具有重要的意义和价值。虽然 IPO 公司在二级资本市场中并没有能够直接反映公司内在价值的股价信息，但是 IPO 公司同行业已上市公司的股价信息中包含着有助于承销商判定 IPO 公司内在价值的信息：首先，同行业公司的资产类型、负债结构等具有一定的相似性和可比性，因此承销商通常会利用同行业已上市公司的可比市盈率信息对 IPO 公司的内在价值进行估算。其次，同行业公司生产的产品和提供的服务在一定程度上具有相互替代的关系，因此 IPO 公司同行业已上市公司管理层的经济决策间接地影响着 IPO 公司未来现金流的走向。最后，IPO 承销业务是以盈利为目标的商业服务活动，对于承销商来说，股价信息的收集成本远低于通过尽职调查和路演询价收集信息的成本。综上所述，研究股价信息含量与承销商 IPO 定价效率之间的关系有助于进一步拓宽股价信息含量理论的应用范围。

四、信息成本理论

与实物资产、人力资源、知识技术等生产要素相同，信息资源是现代经济发展必不可少的生产要素。在自由市场经济中，获取任何生产要素都需要支付相应的成本，信息资源也不例外。来自不同渠道、不同类型的信息其决策相关性、可靠性以及收集和分析所需花费的时间及成本差异巨大。Petersen 和 Rajan（1994）最早提出了"软信息"的概念，指出此类难以量化的信息后通过电子编码进行长期存储和远程传输。目前"软信息"在学术界没有统一的标准定义，但总体而言，"软信息"具有以下 7 个最基本的特征：①人格化，即信息需求者需要充分利用自身的人缘、地缘等社会资本对"软信息"进行收集和评估。IPO 公司与供应商及客户的关系、公司的商誉、产品和服务的口碑等信息具有显著的人格化特征。②非量化，即"软信息"难以数字化准确衡量。IPO 公司的商业模式、产业价值链等影响公司价值的诸多信息都具有非量化的特征。③非直观，即"软信息"的有效收集需要与信息源进行较长时间的直接接触和沟通。IPO 公司创始人的创业理念、高级管理层的经营风格、性格特征等信息具有明显的非直观性。④主观性，即"软信息"一般需要信息收集者利用自己的逻辑思维和经验直觉进行加工分析后才能进一步使用。IPO 公司的风险承受能力、未来的市场前景等信息均需要承销商运用自身的专业知识和行业经验进行主观判断和分析。⑤定性化，即"软信息"需要信息收集者进行梳理、总结和综合分析后得出定性化判断。IPO 公司董事会成员的独立性、监督能力、公司治理经验等信息都具有定性化的特征。⑥传递性差，即"软信息"难以通过电子编码进行远距离传输。IPO 公司内部的业务运作、管理层的决策过程等信息均需要承销商深入公司内部，通过亲自观察和实地访谈才能进行有效收集。⑦消耗性，即"软信息"的非直观性和主观性特征导致了此类信息在信息传递的链条中易于失真。综上所述，"软信息"的基本特征决定了此类信息的有效收集和分析需要花费较多的人力、物力和财力资源。由于资本市场参与者制定任何经济决策时都必须充分权衡信息收集的成本和收益，因此"软信息"的收集成本优势对此类信息的需求者提高自身经济决策的有效性具有重要的价值。

承销商的 IPO 定价效率为研究"软信息"收集的经济后果提供了绝佳的契机。互联网通信技术的高速发展极大地提高了"硬信息"收集和传播的时效性，降低了承销商从 IPO 公司内部获取此类信息的成本，但是 IPO 公司内部各类于定价有用的"软信息"仍需承销商亲自拜访公司，通过实地考察和面对面的沟通交流才能够进行有效的收集。因此，承销商与 IPO 公司之间的地理距离直接决定了承销商收集此类信息的成本，进而决定了承销商能够收集到的"软信息"数量。对于以盈利为目标的 IPO 承销商来说，承销成本和费用的控制至关重要。因此，为了降低"软信息"的收集成本，承销商可能希望更多地依赖 IPO 公司管理层提供的各类"硬信息"，但是此类信息多为历史信息且存在易于操纵等诸多缺陷，限制了其 IPO 定价有用性。综上所述，"软信息"的有效收集对承销商制定合理的 IPO 发行价格具有重要的价值，此类信息的固有特征决定了其收集成本对承销商的 IPO 定价效率有着重要的影响。

五、信息不对称理论

信息不对称理论是信息经济学的核心理论之一，该理论认为资本市场参与者拥有的信息质量和数量各不相同，此时拥有较高质量或较多信息的经济主体可以利用上述信息优势提高自身经济决策的有效性。1970 年，George A. Akerlof 发表了著名的《柠檬市场：质量的不确定性和市场机制》（*The Market for Lemons：Quality Uncertainty and the Market Mechanism*）一文，提出了用来分析二手车市场的"柠檬模型"，由此开创了"逆向选择"的研究先河。这篇文章首次提出了"信息市场"的概念，指出在资本市场中，如果交易的一方能够获取到比另一方更多的对决策有用的信息并且有动机通过利用这一信息优势为自己谋取私利时，处于信息劣势的交易方便很难做出买卖决策，进而导致"劣币驱逐良币"。上述机制循环往复，最终整个资本市场将会进入低效运行的模式，即出现所谓的"市场失灵"现象。基于上述研究，1973 年，A. Michael Spence 提出了通过信号的有效传递实现市场均衡的"信号理论"。该理论主要指市场中具有信息优势的一方能够通过可观察的行为可信地将自己拥有的与商品质量和价值相关的私有信息传递给处于信息劣势的一方，从而避免信息不对称造成的"逆向选择"问题。1976 年，Joseph E. Stiglitz 首次将信息不对称理论引入了保险市场、劳动力市场和信贷市场，提出通过信息甄别的方式降低信息不对称造成的"道德风险"和"逆向选择"问题。相关研究指出，市场中处于信息劣势的一方在交易过程中可以提供不同类型的合同给具有信息优势的一方进行选择，进而获得更加准确的私有信息。以上三位学者对信息不对称理论系统性的研究奠定了现代微观信息经济学的理论基础，随后的学者利用这一理论对委托人和代理人之间的关系进行了深入的研究，进一步拓展了信息不对称理论的应用范围。根据信息不对称理论，如果委托人和代理人在确立委托代理关系之前就存在较强的信息不对称，则会造成"逆向选择"问题；如果双方在确立委托代理关系之后未能采取有效措施降低彼此间的信息不对称，则会出现"道德风险"问题。上述信息不对称造成的资本市场低效运行和实体经济中资源的错配是现代公司治理的核心问题之一。

信息不对称理论在 IPO 定价研究中得到了广泛的应用。IPO 影响着资本市场中众多利益相关方的经济决策，不同的市场参与者能够收集到的于 IPO 定价有用的信息质量和数量存在着巨大的差异，此时具有信息收集和分析优势的一方便能够利用更加完备的信息较为准确地判定 IPO 公司的投资价值与投资风险，进而做出自身经济利益最大化的投资决策。就承销商的 IPO 定价效率而言，相关研究领域的学者主要从承销商与 IPO 公司之间的信息不对称、承销商与询价机构之间的信息不对称以及承销商与外部资本市场投资者之间的信息不对称出发，探讨上述利益相关方之间的博弈关系对承销商 IPO 定价效率的影响。本书从承销商与 IPO 公司和参与路演询价的机构投资者之间的信息不对称视角出发，重点研究了作为代理人的 IPO 承销商在路演询价之前的信息收集活动与 IPO 定价效率之间的关系。

第二节 文献综述

一、IPO 定价效率的研究现状

目前国内外有关 IPO 定价效率的研究已经取得了较为丰硕的成果。下文分别从美国资本市场和中国资本市场两个方面对这一领域现有的研究文献进行总结。

1. 美国资本市场的 IPO 定价效率文献综述

与美国资本市场 IPO 定价效率相关的研究发展起步较早，从相关领域的研究文献来看，基于信息不对称理论解释 IPO 抑价的研究最多也最为成熟。Rock（1986）首次指出 IPO 公司外部资本市场的投资者掌握的有关 IPO 公司内在价值的信息大相径庭，此时具有信息优势的投资者能够更加准确地判定 IPO 公司的真实价值，从而能够避免申购被高估的 IPO 股票。处于信息劣势的投资者意识到上述"赢者的诅咒"问题后将会犹豫申购新股，由此引起的"逆向选择"问题可能导致 IPO 公司发行失败。因此，为了吸引处于信息劣势的投资者申购新股，IPO 必须抑价发行。Beatty 和 Ritter（1986）研究发现，投资者对 IPO 公司内在价值的不确定性越高，其未来遭受损失的可能性越大，"赢者的诅咒"问题也越严重。因此，为了吸引处于信息劣势的投资者申购新股，信息不对称程度较高的 IPO 公司必须提高自身的 IPO 抑价率（Ritter，1987；Miller and Reilly，1987；Megginson and Weiss，1991；Beatty and Welch，1996；Ljungqvist and Wilhelm，2003）。Michaely 和 Shaw（1994）、Habib 和 Ljungqvist（2001）研究发现当投资者之间的信息异质性趋近于零的时候，"赢者的诅咒"问题将不复存在，IPO 抑价也随之消失。Booth 和 Booth（2010）研究发现，IPO 公司的管理层有意通过抑价发行的方式吸引中小投资者申购新股，以期降低公司外部股权过于集中带来的压力。

除了探讨 IPO 抑价的形成原因外，一些学者重点研究了哪些因素有助于降低 IPO 抑价程度。Titman 和 Trueman（1986）研究发现，高声誉的审计师能够起到 IPO 公司价值认证的作用，从而能够有效地减小外部资本市场投资者对 IPO 公司内在价值的不确定性，IPO 抑价相对较低。James 和 Wier（1990）研究发现，IPO 公司与商业银行之间的信贷合同有助于减小资本市场投资者与 IPO 公司之间的信息不对称程度及其信息收集成本，因此与承销商有信贷合同的 IPO 公司抑价相对较低。Li 和 Masulis（2004）研究发现，风险投资的价值认证作用能够显著降低承销商对 IPO 公司内在价值的不确定性，有风险投资支持的 IPO 公司新股发行价格更接近公司的内在价值。Cai 等（2004）研究发现，上市前已经公开发行过债券的 IPO 公司由于需要按照证券市场的监管要求披露相关的财务和业务信息，此类公司上市时与外部资本市场投资者之间的信息不对称程度相对较小，IPO 抑价较低。Kaserer 等（2011）研究发现，《萨班斯-奥克斯利法案》出台后，IPO 公司对外信息披露的透明度和可靠性增强，从而有效地降低了外部投资者与 IPO 公司之间的信息不对称程度，IPO 抑价显著降低。

在美国的簿记制定价模式下，路演询价是新股发行的重要环节，因此部分学者研究了承销商在这一阶段的信息收集活动。Ibbotson 等（1988）研究发现，承销商路演之后仅利用从机构投资者中收集到的私有信息对 IPO 发行价格进行了"部分调整"，但并未解释其中的原因。Benveniste 和 Spindt（1989）研究发现，承销商通过路演询价从机构投资者中收集于 IPO 定价有用的信息，随后以 IPO 抑价和优先配股对机构投资者私有信息的收集和披露成本进行了补偿，并由此提出了"部分调整假说"。Chemmanur（1993）、Loughran 和 Ritter（2002）研究发现，机构投资者拥有与 IPO 公司产品市场、竞争对手、发展前景相关的私有信息，为了鼓励机构投资者在路演中向承销商披露上述有助于判定 IPO 公司未来现金流的信息，承销商以较高的 IPO 抑价和较多的配股作为对机构投资者私有信息收集和披露成本的补偿。Hanley（1993）、Cornelli 和 Goldreich（2003）、Lowry 和 Schwert（2004）研究发现，承销商没有充分利用其在路演询价中收集到的信息对 IPO 发行价格进行调整，其原因主要是承销商需要通过一定程度的 IPO 抑价对机构投资者收集和披露私有信息的成本进行补偿。Bajo 等（2016）研究发现主承销商在投资银行中的网络中心度越高，其路演询价后对 IPO 发行价格的调整幅度越大，IPO 抑价也越高。

就美国资本市场中承销商在 IPO 定价中扮演的角色而言，学者提出了以下两种截然相反的观点。以 Booth 和 Smith（1986）为代表的一系列研究发现聘请高声誉的投资银行担任 IPO 公司的承销商能够起到 IPO 价值认证的作用，从而有效地降低了 IPO 公司和外部资本市场投资者之间的信息不对称性，IPO 抑价随之降低。Carter 和 Manaster（1990）研究发现，高声誉的承销商能够向外部资本市场可信地传递 IPO 公司低风险的信号，从而显著地降低了 IPO 抑价。Benveniste 等（2002）研究发现，IPO 承销商同时承销几家同行业的 IPO 项目时能够有效地实现信息资源共享，此时承销商制定的 IPO 发行价格更接近公司的内在价值。Wang 和 Yung（2011）研究发现，高声誉的承销商在路演中会更加积极地通过询价的方式从机构投资者中收集于 IPO 定价有用的私有信息，其路演后对 IPO 初始发行价格的调整幅度较大，IPO 抑价较低。与上述研究发现不同，另一部分研究结果显示承销商在 IPO 定价中的机会主义行为降低了 IPO 定价效率。Jenkinson 和 Jones（2006）、Nimalendran 等（2007）、Goldstein 等（2011）研究发现，承销商倾向于给有业务合作关系的机构投资者配售更多抑价发行的股票。Hoberg 和 Seyhun（2009）研究发现主承销商和 IPO 公司的风险投资会相互串通，以损害 IPO 公司外部股东的利益为代价实现自身经济利益的最大化。Liu 和 Ritter（2011）、Chemmanur 和 Krishnan（2012）研究发现，高声誉的承销商利用资金雄厚的机构投资者和明星分析师等市场力量提高了外部资本市场投资者的乐观情绪，此类承销商制定的 IPO 的发行价格显著高于公司的内在价值。具体而言，风险投资会以较高的 IPO 抑价换取承销商在 IPO 公司上市后为公司提供价格支持和盈余预测的正向调整，提高公司的股价。

2. 中国资本市场的 IPO 定价效率文献综述

我国新股发行首日较高的抑价现象引起了学者的广泛关注和研究。Mok 和 Hui（1998）对 1990~1993 年在上海证券交易所上市的 87 家 IPO 公司进行研究，结果发现由于在 A 股上市的公司国有股占比较高，A 股的平均抑价率约为289%，远高于 B 股26%的抑价水平。杨记军和赵昌文（2006）研究发现，2005年询价制度的实施增加了 IPO 公司的直接发行成本，但显著降低了 IPO 抑价水平，IPO公司的总体发行成本降低。进一步研究发现包销方式下的发行费用大于代销方式，但两种承销方式的 IPO 抑价水平并无显著差别。Tian（2011）研究发现，由于政府对 IPO 发行价格的行政管制，1992~2004年中国上市公司的平均 IPO 抑价率高达247%。鉴于我国特殊的 IPO 发行制度背景，从有效市场假说出发很难解释我国较高的 IPO 抑价现象，因此一些学者尝试从行为金融学的视角出发研究我国资本市场中 IPO 抑价产生的原因。韩立岩和伍燕然（2007）、宋双杰等（2011）研究发现，投资者的过度乐观情绪是造成我国 IPO 抑价的主要原因。Song 等（2014）研究发现，我国较高的 IPO 抑价实际上包含着溢价和抑价两部分内容，由于我国 IPO 资本市场中有较重的投机氛围，其中 IPO 溢价占据主导地位。此外，一些学者从信息不对称的视角出发，研究了 IPO 公司的信息披露质量与 IPO 抑价之间的关系。林舒和魏明海（2000）以1992~1995年在 A 股上市的IPO 公司为样本进行研究，结果发现公司上市前存在系统性的正向盈余管理行为，盈余管理的幅度越大，IPO 抑价越高。陈胜蓝（2010）研究发现，操控性应计与 IPO 抑价显著负相关，从而表明外部资本市场的投资者能够有效地识别 IPO公司的盈余管理行为。邱冬阳等（2010）研究发现，IPO 公司内控信息的披露能够显著降低公司与外部资本市场投资者之间的信息不对称程度，IPO 抑价降低。莫鸿燊和陈彬（2013）以2009~2011年在创业板上市的271家 IPO 公司为样本进行研究，结果发现创业板 IPO 公司招股说明书中研发信息披露的详尽程度与IPO 抑价显著负相关。魏志华等（2018）研究了 IPO 补税对 IPO 抑价的影响，结果发现 IPO 补税行为加剧了 IPO 公司与二级资本市场之间的信息不对称程度，IPO 补税程度越高，IPO 抑价也越高。

随着我国 IPO 审核与定价制度市场化程度的不断提高，IPO 中介机构在新股发行中扮演的角色越来越重要。因此，一些学者研究了我国 IPO 资本市场中风险投资、承销商和审计师的声誉机制与 IPO 定价效率之间的关系。Pistor 和 Xu

（2005）研究发现，与发达国家较为成熟的 IPO 资本市场相比，我国 IPO 资本市场的信息不对称程度较高，投资者保护较弱，缺乏竞争激励机制的 IPO 承销商存在严重的机会主义行为。郭泓和赵震宇（2006）研究发现，在我国的 IPO 资本市场中，无论是在 2001 年前的放宽市盈率管制定价阶段还是在 2001 年后的重新限制市盈率定价阶段，高声誉的承销商均未能起到 IPO 公司价值认证的作用。王兵等（2009）研究了 IPO 询价制度改革后的审计师声誉与 IPO 抑价之间的关系，结果发现聘用高声誉审计师的 IPO 公司首日抑价较低，进一步研究发现上述关系在风险较高的民营 IPO 公司中更加显著。张学勇和廖理（2011）研究了在不同背景下风险投资与 IPO 定价效率之间的关系，结果发现与非外资背景风投支持的 IPO 公司相比，有外资背景的风投支持的 IPO 公司抑价率显著较低，公司上市后的业绩表现也更好。Chen 和 Bangassa（2011）研究发现，我国的 IPO 承销商声誉与 IPO 抑价之间不存在显著的相关关系，但与 IPO 公司的长期业绩之间存在显著的正相关关系。陈鹏程和周孝华（2015）研究发现，IPO 询价制度改革后，高声誉的承销商起到了 IPO 公司价值认证的作用，IPO 抑价显著降低，进一步研究发现承销商的声誉机制在投资者情绪高涨时作用更为明显。宋顺林（2019）研究发现，IPO 定价激励与约束机制不平衡是导致我国 IPO 承销商偏爱高定价的根本原因，承销商声誉越高，越不可能调高 IPO 发行价格。

2005 年的询价制度改革突出强调了机构投资者在我国新股定价中的积极作用。鉴于此，相关研究领域的学者就询价对象的申购报价行为与 IPO 定价效率之间的关系进行了广泛的研究。邵新建和巫和懋（2009）研究发现，证监会对 IPO 发行价格的窗口管制极大地限制了机构投资者的 IPO 价值发现功能，询价制下的法人配售和锁定制度未能有效降低 IPO 抑价。朱红军和钱友文（2010）研究发现，2006 年 IPO 重启后，网下询价和网上申购的制度进一步提高了 IPO 抑价率，其原因主要是证监会的准入限制创造了权力寻租的空间，并由此提出了解释 IPO 抑价程度的"租金分配观"。刘志远等（2011）研究了 IPO 询价制度第一阶段改革的效果，结果发现改革后询价对象之间的竞争加剧显著提高了 IPO 定价效率，但是由于资金雄厚的机构投资者能够利用自身的信息优势择股，从而将部分申购风险转嫁给了资本市场的中小投资者。周孝华等（2013）研究了机构投资者的均衡报价策略，结果发现机构投资者在初步询价阶段通过隐藏需求故意压低了 IPO 发行价格，询价时机构投资者的新股需求隐藏比例越大，IPO 发行价格越低。邵新建等（2013）研究发现，询价制度下的承销商利用投资者的过度乐观情绪抬高了 IPO 发行价格，承销商最终确定的 IPO 发行价格显著高于询价对象报价的均值。俞红海等（2013）研究发现，IPO 询价制度改革后，询价机构之间的过度竞争促使承销商提高了 IPO 发行价格，进而导致新股首日破发频现。黄瑜琴等（2013）研究发现，机构投资者网下报价的信息含量越低，承销商制定的 IPO 发行价格超出公司内在价值越多，IPO 公司上市后的表现越差。李冬昕等（2014）研究发现，我国的询价机构在报价过程中的意见分歧较为严重，询价机构的报价差异越大，承销商制定的 IPO 发行价格越高，IPO 抑价越低。宋顺林和唐斯圆（2016）研究了投资者情绪与承销商 IPO 定价效率之间的关系，结果发现投资者情绪越高，询价阶段机构投资者的报价也越高。进一步研究发现，虽然承销商会利用机构投资者的报价信息进行价格调整，但其调整幅度并未达到最优值。陈信元等（2016）研究了我国 IPO 资本市场中承销商与机构投资者之间的客户关系网络对资本市场信息传递效率的影响，结果发现参与新股配售的机构投资者与承销商之间的关系越密切，由其投资的 IPO 公司上市后的业绩越好，股票收益也越高。周孝华和陈鹏程（2017）研究发现，询价制下的 IPO 承销商会利用投资者的乐观情绪提高新股发行价格，以获得更高的 IPO 承销收入。但是出于自身承销声誉的考虑，承销商并未过度利用投资者的乐观情绪，因此采用询价发行的 IPO 公司仍存在 IPO 抑价的现象。

除上述研究外，陆正飞和韩非池（2014）研究了承销商的市场力量对 IPO 定价效率的影响，结果发现有地域垄断势力的承销商 IPO 定价效率更低，IPO 抑价率显著较高。黄亮华和谢德仁（2016）研究发现，IPO 承销商和发审委员之间存在利益交换行为，承销商的关联发审委员越多，其承销的 IPO 公司被否决上市申请的概率越低。余峰燕和梁琪（2017）研究发现，中国的地方政府在对地方企业实施监管的过程中收集了大量企业内部的私有信息，并会将这些信息共享给具有政治关联的地方承销商，从而大幅降低了此类承销商和 IPO 公司之间的信息不对称程度，提高了承销商的 IPO 定价效率。郑建明等（2018）以 1995～2016 年在 A 股上市的 IPO 公司为样本进行研究，结果发现与本土承销商相比，外资参股承销商的 IPO 定价效率较高，由其承销上市的 IPO 公司溢价和抑价率均显著较低。进一步研究发现，当外资来源国的证券市场法制建设较为健全时，外资参股承销商对 IPO 定价效率的提升作用更大。邵新建等（2018）研究了证券分析师对 IPO 定价的影响，结果发现我国的证券分析师通过发布高估式报告有效地煽动了个体投资者的过度乐观情绪，从而抬高了 IPO 发行价格。2014 年证监会实施新股首日涨跌幅限制后，部分学者研究了上述监管制度对 IPO 抑价的影响。张卫东等（2018）研究发现，新股首日涨幅上限扭曲了二级资本市场的价格发现功能，IPO 抑价显著增加。宋顺林和唐斯圆（2019）研究发现，IPO 首日价格管制提高了我国的 IPO 溢价水平，IPO 公司内在价值的不确定性越高，首日价格管制对 IPO 溢价的影响越大。从上述研究文献来看，与中国资本市场 IPO 定价效率相关的研究发现我国的 IPO 监管制度、IPO 公司上市前的盈余管理行为、资本市场投资者的过度乐观情绪、机构投资者之间的过度竞争和机会主义行为等均显著影响着 IPO 发行价格的合理性。

二、股价信息含量的经济后果研究现状

Hayek（1945）首次指出二级资本市场的股价中包含着投资者收集到的大量私有信息。随后，研究资本市场的学者就股价信息含量与资本市场参与者经济决策之间的关系进行了较为全面深入的研究。下文分别从上市公司管理层和资本市场其他参与者的视角出发对这一研究领域的现有文献进行总结。

1. 从上市公司管理层的视角出发研究股价信息含量的经济后果

以往有关股价信息含量经济后果的研究大多集中在探讨股价信息含量对上市公司管理层经济决策的影响上。Wurgler（2000）对 65 个国家的产业投资进行了研究，结果发现一国资本市场的有效性越高，资本市场中的股价信息含量越高。进一步研究发现，企业的管理层能够有效地利用股价中的增量信息更好地识别投资机会，优化自身的投资决策。因此，当一国资本市场的股价信息含量较高时，资本会逐年朝着投资回报率较高的产业聚集。Durnev 等 (2004) 研究发现, 上市公司的股价中包含的公司异质性信息越多, 股价信息的质量越高, 公司管理层的投资决策效率也越高。Luo (2005) 研究发现, 上市公司宣布兼并收购计划后如果股价下跌, 公司的管理层更可能取消这一计划, 从而说明公司自身的股价中包含着管理层不具备的增量信息。Chen 等 (2007) 研究了管理层的投资决策对股价波动的敏感性, 结果发现公司的股价信息含量越高, 管理层的投资决策对股价的波动越敏感, 即管理层更可能根据股价中的增量信息调整自身的投资决策。Dow 等 (2007)、Bakke 和 Whited (2010) 研究了股价信息含量与公司投资效率之间的关系, 结果发现上市公司的管理层能够利用二级资本市场股价中的信息优化公司的投资决策, 提高投资收益。Campello 等 (2011) 研究了股价信息含量对公司融资决策的影响, 结果发现受到财务约束的上市公司管理层能够利用公司股价中反馈的信息制定股票增发再融资的策略。Foucault 和 Frésard (2012) 研究发现, 与海外资本市场相比, 美国资本市场中的股价信息含量较高, 因此在美国资本市场交叉上市的海外公司管理层能够利用质量较高的股价信息优化公司的投资决策。Hamdi 和 Abdullah (2016) 研究发现上市公司的股价信息含量越高, 管理层的人力资本投资效率越高, 上述关系在工会化程度较高的行业以及财务约束程度较高的公司中更为显著。Ouyang 和 Szewczyk (2019) 研究发现, 在公司并购过程中, 当收购公司的股价信息含量较高时, 公司管理层能够较为准确地判定公司的内在价值, 此时管理层选择股权收购的概率更高。

2. 从资本市场其他参与者的视角出发研究股价信息含量的经济后果

由于二级资本市场中的股价信息作为一种公共品存在非排他性和非竞争性的特征, 因此相关研究领域的学者进一步探讨了股价信息含量对除公司管理层之外的其他市场参与者经济决策的影响。Hoffmann-Burchardi (2001) 研究发现, 同行业 IPO 公司扎堆上市的主要原因在于资本市场中的投资者能够从已上市公司的股价中获取于 IPO 定价有用的信息, 从而降低了后续上市公司的 IPO 发行成本, 提高了 IPO 的发行效率。Subrahmanyam 和 Titman (2001) 研究了资本市场中的股价信息到底通过何种途径影响上市公司的现金流, 结果发现公司的客户、员工、供应商等利益相关方会根据公司股价中的增量信息决定是否与公司继续合作。Bond 等（2010）研究发现二级资本市场中的股价信息和证券监管机构自身掌握的信息之间具有较强的互补性，因此监管机构能够通过有效地利用股价中的信息更加准确地分析上市公司的风险，提高自身的监管水平。Hart 和 Zingales（2011）研究发现，2008 年国际金融危机后，监管机构更加重视利用二级资本市场的股票价格和债券价格中包含的增量信息。Edmans 等（2012）研究发现，共同基金经理能够有效利用上市公司股价中包含的信息做出兼并收购决策，因此股价信息能够对上市公司管理层的委托代理行为起到一定的监督作用。Subrahmanyam 和 Titman（2013）研究发现，上市公司的股价信息含量不仅直接影响公司自身的现金流变化，还会影响公司竞争对手的经济决策。Liu 和 Tian（2016）研究发现，风险投资会积极利用二级资本市场中的股价信息对被投资公司进行价值评估，当被投资公司同行业已上市公司的股价信息含量较高时，风险投资对被投资公司内在价值的判定更加准确。Bennett 和 Wang（2018）研究发现，当上市公司的股价信息含量较高时，资本市场投资者的卖空决策更加准确，公司的股东能够更加合理地评估公司管理层的业绩。

三、"软信息"收集的经济后果研究现状

由于"软信息"非直观、定性化、传递性较差等特征，此类信息的有效收集严重依赖于信息需求者与信息源之间能够进行较长时间的直接接触和沟通。鉴于此，相关研究领域的学者主要通过以地理距离作为"软信息"收集成本的代理变量，研究此类信息的有效收集对资本市场参与者经济决策的影响。下文分别从跨国地理距离和非跨国地理距离两个方面对这一研究领域的文献进行综述。

1. 跨国地理距离对"软信息"收集的影响及其经济后果

随着经济全球化的不断加快加深，资本、服务、信息等要素的跨国流通变得越来越普遍，学者就跨国地理距离对"软信息"收集的影响及其经济后果进行了较为全面的研究。Eckbo 和 Thorburn（2000）研究发现，与来自美国的收购公司相比，加拿大的公司在收购本国企业时具有显著的"软信息"收集优势，从

而能够更好地分析被收购公司的内在价值，获得更高的收购收益。Hau（2001）研究发现，德国的本土交易员具有收集本国企业"软信息"的优势，其投资德国企业证券获得的投资回报显著高于海外交易员获得的投资回报。Choe 等（2004）研究发现，与海外投资者相比，韩国证券市场中的本国投资者能够更加高效地收集有关本国上市公司内在价值的"软信息"，并且能够利用这一信息收集优势提高自身的投资收益。Bolliger（2004）研究发现，与海外证券分析师相比，欧洲中小型股票中介机构的本国分析师具有收集本地企业"软信息"的优势，此类分析师对本国上市公司的股价预测更加准确。Bae 等（2008）对比研究了 32 个国家本国分析师与海外分析师盈余预测的准确性，结果发现与海外分析师相比，本国分析师具有显著的本地"软信息"收集优势，因此对本国企业的盈余预测更加准确。进一步研究发现，上述关系在信息不对称性较高、股价信息含量较低的国家更为显著。Teo（2009）研究了亚洲对冲基金的投资回报率，结果发现设有地方分支机构的对冲基金能够更加高效地收集当地被投资公司内部的"软信息"，此类基金比没有分支机构的基金年收益率高出约 3.72%。Masulis 等（2012）研究发现，美国上市公司的海外独立董事难以获取公司内部的"软信息"对公司 CEO 的行为进行有效的监督，因此有海外独立董事的上市公司出现财务舞弊的概率更高。

尽管绝大多数跨国研究结论均支持离信息源较近的市场参与者能够利用自身的"软信息"收集优势提高经济决策的有效性，但也有一小部分研究得出了不同的结论。Grinblatt 和 Keloharju（2001）研究发现，虽然本国投资者具有收集本国上市公司"软信息"的优势，但是海外投资者具有更加丰富的投资经验和更强的股票分析能力，因此在芬兰的证券市场中，海外投资者的投资收益显著高于本国投资者。Bacmann 和 Bolliger（2003）研究发现，虽然拉美国家的证券分析师具有收集本地上市公司"软信息"的优势，但北美证券分析师有着更加丰富的股票投资知识和经验，从而能够更加准确地预测拉美资本市场中的股价走势。此外，随着电子通信技术的高速发展，一些学者专门研究了信息科技在提高跨国人际沟通效率的同时对国际资本流通的影响。Portes 和 Rey（2001）研究发现，1980

年后，跨国资本的流通效率随国家间地理距离的增加而降低的趋势并没有因为信息科技的发展出现显著的改变，跨国地理距离依然是"软信息"有效收集的巨大障碍。Freund 和 Weinhold（2004）研究发现，1997~1999 年跨国贸易总量的显著增加主要是因为这一时期数字互联网的迅速发展极大地提高了各类"硬信息"的传输效率，但信息科技的高速发展并未有效降低各类"软信息"收集和传播的成本。

2. 非跨国地理距离对"软信息"收集的影响及其经济后果

除了研究跨国资本市场中的"软信息"收集活动外，相关研究领域的学者就一国内资本市场参与者"软信息"收集的经济后果进行了大量的研究。Jaffe 等（1993）研究发现，两家美国公司之间的地理距离越近，这两家公司的科研人员传递与研发活动相关的各类"软信息"的效率越高，两家公司研发部门的合作项目也越多。Ivkovich 和 Weisbenner（2005）研究发现，与投资外地上市公司的股票相比，美国投资者投资本地上市公司股票的投资回报率显著较高，上述关系在被投资公司信息不对称性较高时更加显著。Degryse 和 Ongena（2005）研究发现，离贷款企业地理距离较远的比利时银行无法及时、高效地收集有助于判定企业信用的"软信息"，此类银行无法与贷款企业当地的银行进行有效竞争。Uysal 等（2008）研究发现，在美国资本市场中，离被收购公司较近的收购企业能够收集到更多有关被收购公司内在价值的"软信息"，此类企业的收购收益显著较高。Coval 和 Moskowitz（2010）研究发现，离被投资公司地理距离较近的美国基金经理能够通过经常实地考察公司内部的运营状况获取大量对决策有用的"软信息"，此类基金经理的投资业绩更好。Alam 等（2015）研究发现，美国上市公司的独立董事与公司总部之间的地理距离越远，其收集公司内部日常运营"软信息"的能力越差，公司治理的监督作用也越小。Kedia 和 Rajgopal（2011）、Defond 等（2018）研究发现，离 SEC 地理距离较远的上市公司财务舞弊的概率更高，其原因主要在于 SEC 无法较为全面地收集此类公司内部的"软信息"对其进行有效监管，此类公司的审计师出具有保留意见审计报告的概率更高。

由于"软信息"的收集对风险投资具有重要的价值，因此 Lerner（1995）研究了美国风险投资与被投资公司之间的地理距离对风投监督决策的影响，结果发现离被投资公司地理距离较近的风投收集公司内部"软信息"的成本相对较低，此时风投会选择加入被投资公司的董事会直接对公司的日常运营进行监督和管理。Lichtenstein（2006）研究发现，美国的风投极其重视地理距离带来的"软信息"收集优势在监督被投资公司中的价值。虽然跨州投资公司的 IPO 概率更高，但是风投整体上仍具有强烈的本州投资偏好性。Bengtsson 和 Ravid（2009）、Tian（2011）研究发现，当风险投资和被投资公司之间的地理距离较远时，风投收集被投资公司内部"软信息"的成本较高，此时风投会通过增加投资合同中的限制条款或小额多轮投资的方式对被投资公司进行监督。

除上述研究外，一些学者探讨了通信技术的发展如何影响"软信息"与"硬信息"之间的互补和替代关系。Petersen 和 Rajan（2002）研究发现，1973～1993 年，美国商业银行与小企业贷款客户之间的地理距离显著增加，其原因主要在于信息科技的高速发展使商业银行能够更加及时、准确地远程获取到更多有关贷款客户信用的"硬信息"。Carling 和 Lundberg（2005）对 1994～2000 年瑞士银行的贷款业务进行了研究，结果发现电子通信技术的发展显著增强了银行远程收集与客户信贷业务相关的各类"硬信息"的能力，从而有效地弥补了银行"软信息"收集不足的缺陷。

四、联合承销的意义及其经济后果的研究现状

在美国的 IPO 资本市场中，联合承销自 20 世纪 90 年代中期起开始变得越来越普遍，2015 年后一半以上的 IPO 公司均通过联合承销的方式上市。下文分别从 IPO 公司和承销商的视角出发对 IPO 联合承销研究领域的文献进行综述。

1. IPO 公司选择联合承销的意义及其经济后果

从 IPO 公司的视角出发研究联合承销模式的学者们提出了以下几个主要的研究假说：第一个研究假说是 Pichler 和 Wilhelm（2001）基于委托代理理论提出的"道德风险假说"。该假说认为在联合承销模式下，每个承销商为了维护自身的承销声誉和经济利益有动机在承销业务过程中互相督促和监督，从而能够有效地降低"搭便车"的行为和其他"道德风险"发生的概率，提高 IPO 承销业务的效率和效益。第二个研究假说是 Hu 和 Ritter（2007）提出的"谈判能力假说"。该假说认为在联合承销模式下，如果某个承销商制定的 IPO 发行价格过低，则面临着被 IPO 公司解雇的风险，因此 IPO 公司在联合承销模式下的定价谈判能力更强，从而能够有效地抑制承销商的机会主义行为，提高 IPO 定价的合理性。此外，联合承销商彼此之间固有的业务竞争关系能够有效地激励每个承销商尽职履责，提高自身在 IPO 承销活动中的价值，以便未来能够获得更多的承销机会。第三个研究假说是"市场营销假说"。这一假说认为 IPO 公司选择联合承销模式的动机是为了提高新股成功发行的概率以及上市后的表现。Cliff 和 Denis（2004）研究发现，分析师跟踪对 IPO 公司上市后的股价走势至关重要，因此 IPO 公司倾向于选择有明星分析师的承销商和其他承销商一起联合承销 IPO 业务。Jeon 等（2015）研究发现，与独立承销商相比，联合承销商拥有更加广泛的股票发售渠道和更强的市场营销能力，从而能够显著增加 IPO 公司在资本市场投资者中的曝光度，提高新股上市后的流动性。

2. 承销商选择联合承销的意义及其经济后果

从承销商视角出发研究联合承销模式的学者提出了两个主要的研究假说。第一个研究假说是 Wilson（1968）提出的"风险分担假说"。该假说认为 IPO 承销业务虽然利润丰厚，但承销商需要承担巨大的发行风险。在联合承销模式下，新股未能售出的损失由所有的承销商共同负担（Mandelker and Raviv，1977）。此外，当出现法律纠纷时，联合承销商需要一起面临被起诉的风险并且共同负担败诉产生的赔偿费用（Chowdhry and Nanda，1996），因此联合承销模式有助于降低每个承销商潜在的经济损失。Chen 和 Ritter（2000）研究发现，自 20 世纪中期以来，美国主要的投资银行通过兼并收购活动迅速扩张自身的业务范围，IPO 承销收入在投资银行总收入中的占比大幅降低。此外，根据投资银行每年发布的财报信息来看，此类银行的资产和现金流极其充沛，完全有能力独立承销 IPO 业务，因此风险分担已经不再是承销商选择联合承销的主要动因。第二个研究假说是 Carter 和 Manaster（1990）提出的"价值认证假说"。该假说认为多个高声誉的 IPO 承销商联合承销能够更好地起到 IPO 公司价值认证的作用，进而有助于降低外部资本市场投资者的信息收集成本。Song（2004）研究发现，与 IPO 公司存在借贷关系的商业银行掌握着更多有助于判定 IPO 公司内在价值的私有信息，投资银行和此类商业银行一起联合承销能够更加可信地起到 IPO 公司价值认证的作用，从而有效地降低了外部资本市场投资者对 IPO 公司内在价值的不确定性。Corwin 和 Schultz（2005）研究发现联合承销商的数量越多，承销商通过路演询价活动从机构投资者中挖掘 IPO 公司层面信息的能力越强，并且能够更加可信地将收集到的于 IPO 定价有用的信息传递给外部资本市场的投资者，IPO 抑价较低。

除上述两个主要的研究假说外，这一研究领域的学者们还从声誉排名、关系网络等视角出发，探讨联合承销模式存在的意义。Hu 和 Ritter（2007）研究发现，2000 年后美国资本市场中的 IPO 公司数量大幅减少，联合承销对承销商维护自身在 IPO 承销市场中的声誉排名至关重要。Chemmanur 和 Krishnan（2012）研究发现，在联合承销模式下，承销商之间能够建立起更加紧密的信任合作关系，这种关系网络在 IPO 承销市场中具有重要的价值。Vithanage 等（2017）研究发现，联合承销模式有助于降低 IPO 公司外部资本市场投资者对 IPO 公司内在价值的异质性信念，因此与独立承销上市的 IPO 公司相比，联合承销上市的 IPO 公司首日抑价率较低。

第三节　本章小结

本章首先对本书涉及的主要研究理论进行了详细的分析，并在此基础上对与本书相关的主要研究领域的文献进行了系统的梳理和总结。具体而言，本书第四章至第六章的实证研究主要基于委托代理理论、公司治理理论、信息不对称理论、信息成本理论和股价信息含量理论展开，涉及的研究文献主要包括 IPO 定价效率、股价信息含量的经济后果、"软信息"收集的经济后果和联合承销的意义及其经济后果四个领域的研究。

通过回顾有关 IPO 定价效率的文献发现，目前与美国资本市场相关的研究多以信息不对称理论和委托代理理论为基础，研究 IPO 抑价形成的原因及其经济后果。从信息收集视角出发，探讨承销商 IPO 定价效率的研究多关注承销商在路演询价过程中从机构投资者中收集到的私有信息与 IPO 价格调整之间的关系。由于承销商路演之前的信息收集活动较为隐蔽，因此目前极少有研究直接探讨承销商在尽职调查阶段的信息收集。鉴于中国的 IPO 制度背景，与中国资本市场 IPO 定价效率相关的研究多以信息不对称理论、公司治理理论和行为金融学理论为基础，研究 IPO 资本市场中的"三高"、破发等问题产生的原因以及 IPO 定价制度改革对新股发行价格的影响。由于我国的 IPO 承销商并没有完全自主的 IPO 定价权和配股权，因此从承销商视角出发，研究 IPO 定价效率的文献多关注承销商与询价对象之间的博弈关系、承销商的声誉机制、价值认证功能、政府关联等与 IPO 溢价和抑价之间的关系。相关的研究结果总体显示，我国的 IPO 抑价率远高于海外成熟资本市场，IPO 发行价格偏离公司内在价值较远。其原因一方面在于我国 IPO 定价管制措施在一定程度上扭曲了 IPO 资本市场的价格机制；另一方面主要在于我国的 IPO 资本市场自确立至今仅有 30 多年的发展历程，证券监管机构、IPO 中介机构和投资者等主要市场参与者未能充分发挥自身在 IPO 公司价值判定中的作用。根据上述文献回顾，本书将以美国 IPO 资本市场中承销上市的公司作为主要的实证研究对象，探讨承销商路演询价之前的信息收集活动对 IPO 定价效率的影响，以期为进一步提高我国 IPO 资本市场中新股定价的合理性提供一定的借鉴和启示。

通过对股价信息含量的经济后果研究领域的文献回顾发现，目前这一领域的研究主要集中在以下两个方面：第一个方面的研究重点关注上市公司的股价信息含量与公司管理层的投资、融资等经济决策之间的关系；第二个方面的研究则主要探讨了股价信息含量能否成为除公司管理层之外的资本市场参与者，如投资者、银行、证券分析师等提供于决策有用的信息。总结来看，以往的研究结果普遍显示二级资本市场中的股价信息作为一种公共品具有其他信息不可替代的优势，上市公司的管理层与资本市场的其他参与者均能够通过利用股价中的增量信息提高自身经济决策的有效性，因此股价信息含量能够通过影响上述利益相关方的经济决策，从而间接地影响实体经济的发展。目前，没有研究探讨股价信息含量是否能够通过影响承销商的 IPO 定价效率直接影响实体经济中资本的配置效率。根据上述文献分析，本书第四章将重点研究二级资本市场中的股价信息含量与一级资本市场中承销商的 IPO 定价决策之间的关系。

通过对"软信息"收集的经济后果研究领域文献的系统梳理发现，由于"软信息"传递性差、难以量化等特征，目前这一研究领域的学者通过使用地理距离作为"软信息"收集成本的代理变量，从跨国地理距离和非跨国地理距离两个维度出发，较为全面地研究了此类信息的有效收集对银行、分析师、投资者等诸多资本市场参与者经济决策的影响。总结而言，相关的研究结果普遍显示离信息源地理距离较近的资本市场参与者能够充分利用自身"软信息"的收集优势提高贷款、投资、收购等经济决策的有效性。此外，部分研究发现"硬信息"的有效收集以及决策者自身的信息分析能力和行业经验在一定条件下能够有效地弥补"软信息"收集不足带来的负面影响。虽然"软信息"的收集在承销商的 IPO 定价决策中扮演着极其重要的角色，但是目前没有研究探讨此类信息与承销商 IPO 定价效率之间的关系。在上述文献分析的基础上，本书第五章将重点研究 IPO 公司内部"软信息"的收集对承销商 IPO 定价效率的影响。

通过对联合承销研究领域的文献进行系统梳理发现，从 IPO 公司视角出发研究联合承销的文献主要从 IPO 公司降低委托代理成本和提高新股上市后的表现两个维度出发，探讨联合承销模式存在的意义及其经济后果。从承销商视角出发研究联合承销的文献早期多关注联合承销模式的风险分担优势，但随着美国 IPO 资本市场结构的改变以及投资银行业务模式的转变，相关研究领域的学者开始更多地从价值认证、声誉机制、市场力量等因素入手，探讨承销商主动选择和被动选择联合承销模式对 IPO 抑价的影响。目前，没有文献系统地研究联合承销商的信息收集、分析与传播能力如何影响承销商制定的 IPO 价格区间、路演后的价格调整和 IPO 抑价。基于上述文献回顾，本书第六章将重点研究不同的承销模式与承销商 IPO 定价效率之间的关系。

第三章 美国资本市场的 IPO 承销制度背景

第一节 IPO 承销制度发展历程

美国资本市场中的 IPO 承销业务最早可以追溯到 19 世纪 20 年代。当时处于工业革命后期的美国社会经济高速发展，制造、运输、食品等行业的大批企业需要筹集资金进行业务扩张，以满足日益增长的市场需求，移民不断增加导致联邦和地方政府也需要筹集大量的资金进行基础设施的修缮和扩建工作。1861~1865 年的南北战争对美国经济、社会造成重创，战后重建工作的巨额耗资促使政府和企业纷纷开始通过发行证券的方式向社会公众筹资。由于当时美国资本市场的证券发行机制并不完善，股票和债券发行失败的例子屡见不鲜，企业和政府亟须专业的资本中介机构协助自己高效地开展证券发行融资活动。为了满足资本市场日益增长的承销业务需求，商业银行和投资银行相继成立了专门从事证券承销业务的分支机构，为各类股票和债券的发行提供专业的承销服务，从而有效地促进了当时资本市场的繁荣发展，提高了实体经济中资本的配置效率。由于早期美国证券市场的法制监管体系不健全、对投资者的保护较弱等原因，商业银行为了赚取更高的承销收入，通过利用自身的客户存款申购自己承销的证券在一级资本市场中非法套利，从而严重地损害了资本市场中广大投资者的利益。1929 年，美国历史上最严重的经济危机爆发，为了稳定资本市场、恢复投资者的信心，美国国会相继通过了《1933 年证券法》和《1934 年证券交易法》，为一级证券发行市场和二级证券交易市场健康有序运行提供了较为完善的法治保障体系。此外，为了避免商业银行自身利益冲突带来的"道德风险"再次扰乱资本市场的运行秩序，1933 年美国国会通过了《格拉斯-斯蒂格尔法案》，明确规定商业银行和投资银行不能同时开展传统银行业务和证券承销业务。此后，美国资本市场中股票和债券的承销业务一直由投资银行主要负责。

第二次世界大战后，美国经济再次进入高速发展期。随着资本市场融资需求的大幅增加，投资银行的 IPO 承销业务急速扩张，IPO 投资主体开始由个体投资者转向资金雄厚的机构投资者，证券集资、投资的规模不断扩大，专业化程度也不断提高。20 世纪 70 年代起，为了实现投资收益最大化的目标，投资银行开始向资本市场推出一系列的金融衍生品服务，通过资本的运作和管理赚取了巨额利润。与此同时，资本市场投资者手中的资金开始越来越多地从商业银行流向投资银行，从而严重地损害了商业银行的经济利益。为了打破投资银行对证券承销业务的垄断经营，在商业银行的不断游说下，美国国会于 1999 年 11 月正式废除了《格拉斯-斯蒂格尔法案》中要求证券承销业务和传统银行业务分业经营的条款，商业银行重新进入证券承销市场。在当前的美国资本市场中，证券承销业务仍是投资银行的主营业务，但规模较大的商业银行大多设有专门的证券承销分支机构，经常独立或与其他券商一起联合承销各类股票与债券的发行业务。

第二节　IPO 承销方式和承销合同

一、IPO 承销方式

　　虽然在美国的 IPO 资本市场中，SEC 允许 IPO 公司直接向公众发行股票，但鉴于 IPO 的重要性和复杂性，大多数 IPO 公司都会选择通过专业的中介机构，即承销商进行新股发行。通常而言，选择承销上市的 IPO 公司可以通过独立承销或联合承销的方式发行股票。在独立承销模式下，IPO 公司仅与一家承销商签订承销合同，由该承销商单独负责与 IPO 相关的所有活动。独立承销商既是此次 IPO 的主承销商，又是 IPO 的簿记管理人和 IPO 公司上市后的做市商。1995 年以前，美国所有承销上市的 IPO 公司都采取了独立承销的方式，但在随后的 20 多年里，通过联合承销上市的 IPO 公司占比不断增加。决定通过联合承销上市的 IPO 公司通常会以公开招标的方式选择一个或几个承销商担任此次 IPO 的主承销商，负责尽职调查、路演询价、对拟发售的新股进行市场营销等一系列主要的 IPO 承销活动。主承销商可以根据自身的需求邀请其他联合承销经理加入 IPO 承销团队。通常情况下，联合承销经理极少参与 IPO 公司上市前的承销活动，其主要职责是为 IPO 公司上市后提供分析师跟踪服务。在美国的 IPO 资本市场中，自 2004 年起大多数联合承销上市的 IPO 公司都只有主承销商，所有的主承销商共同担任 IPO 公司的做市商，负责稳定公司上市后的股价，提高新股的市场流动性。

　　在联合承销模式下，虽然所有的 IPO 簿记管理人都是 IPO 公司的主承销商，但是有些主承销商可能并不担任 IPO 簿记管理人的角色。一般而言，担任簿记管理人的 IPO 主承销商负责收集路演中机构投资者的申购报价信息，随后确定给机构投资者优先配股的数量。为了确保 IPO 业务的顺利进行，联合承销商之间以及每个联合承销商与 IPO 公司之间都会签订详细的承销合同，明确各方的权利和义务。就承销费用而言，IPO 公司和承销商可以在综合考虑 IPO 发行数量、发行价格、潜在风险等因素的基础上自行商定。按照行业惯例，簿记制定价方式下中等规模的 IPO 总承销费用一般为 IPO 公司发行总收入的 6%~7%。在联合承销模式下，主承销商通常能够分得全部承销收入的 20%，剩余的 60%将会按照承销合同中商定的比例分给其他的联合承销商，余下的 20%一般用来支付承销过程中产生的食宿、差旅费用等。

二、IPO 承销合同

承销商与 IPO 公司签订的承销合同分为包销合同和代销合同两种类型。在包销合同下，承销商会以和 IPO 公司商定好的价格向 IPO 公司提前购买所有拟发行的股票，并在利润加成的基础上将这些股票转卖给外部资本市场的投资者，其中的差价为承销商的 IPO 承销收入。在包销合同下，IPO 公司股票未能售出的全部风险和损失将由承销商自行承担。在联合承销模式下，包销合同主要包括不分账户合同和分账户合同两种类型。其中，不分账户合同指的是当某个联合承销商未能将自己负责的股票全部售出时，其余的联合承销商均有责任继续推介未售出的股票，股票最终未能售出的风险和损失将由所有的联合承销商共同分担；分账户合同指的是每个联合承销商仅对自己分得的股票负责，对其他联合承销商未发售出去的股票不承担任何的连带责任。对于风险较高的 IPO 客户，承销商可能会选择与之签订代销合同，此时承销商无须提前向 IPO 公司购买全部拟发行的股票，而只会尽力向外部资本市场的投资者推介新股，IPO 发行失败的风险和损失由 IPO 公司自行承担。

第三节　IPO 承销上市基本流程

美国资本市场实行 IPO 注册发行制度，该制度下计划上市的 IPO 公司需要向

SEC 完整、准确地提交各种符合监管要求的注册文件提出上市申请。SEC 根据公平、公正、信息公开的原则对 IPO 公司的申报材料进行合规性审查，决定是否批准其 IPO 申请。从承销商 IPO 定价的视角出发，簿记制定价下的新股发行大致包括以下三个阶段：

一、尽职调查阶段

当 IPO 公司决定承销上市并选定了一家或几家证券承销机构担任此次 IPO 的主承销商后，IPO 公司和承销商首先会就此次发行的筹资总额、发行数量、股票种类、发行时间、发行价格、承销费用、拟挂牌的证券交易所等内容进行商讨。在达成基本共识后，主承销商与 IPO 公司就此次承销的具体细节签订正式的承销合同并开始着手进行前期的准备工作，如具体的人员安排、时间进程、业务规划等。在明确了各自的职责分工后，承销商接下来的首要任务便是对 IPO 公司进行尽职调查，一边与 IPO 公司的审计师、律师等中介机构共同准备 SEC 要求提交的各类上市申请材料，一边通过收集和分析与 IPO 公司内在价值相关的信息制定 IPO 初始发行价格区间。按照 SEC 的相关规定，IPO 公司和承销商在拟定好发行细节后需要按要求向 SEC 提交 IPO 注册声明，其内容主要包括对外公开披露的 IPO 招股说明书和仅提供给 SEC 进行审查的公司内部信息。IPO 招股说明书是外部资本市场投资者了解 IPO 公司最重要的信息来源，其内容主要包括 IPO 注册申请表、财务报告、高管背景、股权构成、主营业务和经营风险等信息。随后，SEC 会对 IPO 公司提交的注册声明进行审核，确保 IPO 公司按要求合理地披露了所有与此次发行相关的一切必要信息。按照《1933 年证券法》中"静默期"的相关规定，承销商在正式承接 IPO 项目后，路演之前不得向外部投资者披露招股说明书中未披露的与此次发行直接相关的信息，也不得就此次发行向外部投资者或其他第三方征询意见或建议。在等待 SEC 审核结果期间，承销商通常会起草并向潜在的投资者提供一份被称为"红鲱鱼"（Red Herring）的文件，其内容包括除具体的发行日期、发行价格等交易细节之外的其他一切与此次 IPO 相关的重要信息，并开始着手准备路演询价活动。

二、路演询价阶段

通过 SEC 上市审核后，承销商将最终确定的 IPO 发行价格区间提交 SEC 进行备案，并开始正式的路演询价流程。通常情况下，IPO 承销商会邀请对此次发行感兴趣、投资研究能力较强的机构投资者单独或集体面对面地沟通交流，IPO 公司的 CEO、CFO 等高管一般会出席重要的路演活动，现场回答机构投资者提出的各种问题。路演询价是整个 IPO 业务的核心环节：一方面，路演是承销商和 IPO 公司首次有机会公开向外部资本市场的投资者宣传、推销 IPO 公司拟发行的股票。鉴于证券投资知识和经验较为丰富的机构投资者通常资金雄厚、新股申购数量较多且具有长期价值投资的理念，因此参与路演询价的机构投资者对 IPO 公司股票的兴趣和认可对公司是否能够成功上市融资至关重要。另一方面，SEC 允许承销商通过路演询价的方式从定价研究能力较强的机构投资者中收集 IPO 申购报价信息，此类信息有助于承销商更加准确地判定新股发行的市场均衡价格，提高 IPO 定价的合理性。通常情况下，整个路演询价活动持续 2~4 周。路演结束后，承销商根据收集到的询价信息对 IPO 初始发行价格进行调整，并在上市前一天确定最终的 IPO 发行价格。在包销合同下，承销商会以 IPO 发行价格的折扣价向 IPO 公司购买全部新股，随后按照 IPO 发行价格将新股首先配售给申购成功的机构投资者，剩余的股票在 IPO 当天公开发售给外部资本市场的投资者。

三、挂牌上市阶段

当 IPO 公司在选定的证券交易所正式挂牌上市后，外部资本市场的投资者便可以自由买卖公司的股票。在新股供大于求的情况下，为了确保二级资本市场中的股票流动性，SEC 允许承销商在一段时间内以低于 IPO 发行价格的价格在二级资本市场中购买 IPO 公司的股票进行托市。此外，按照 SEC 的相关规定，承销商的分析师在 IPO 公司上市 25 天后可以向外部资本市场的投资者提供 IPO 公司的股价分析、盈余预测等信息。此时投资者从主要依靠 IPO 招股说明书中强制披露的信息转为主要依靠二级资本市场的信息传递功能获取与股票投资相关的信息，IPO公司正式成为上市公司。

第四节　本章小结

　　本章主要介绍了美国资本市场中的IPO承销制度的发展历程、承销方式、承销合同以及承销上市的基本流程。总结来看，美国资本市场中的证券承销业务发展起步较早，19世纪20年代工业革命后期，各大银行相继推出了证券承销服务，极大地促进了当时资本市场的资金流通和实体经济中资本的有效配置。但在证券监管制度尚不完善的IPO资本市场中，商业银行自身利益冲突带来的"道德风险"问题严重地损害了广大投资者的经济利益及对美国资本市场的信心。鉴于此，美国国会1933年通过了对银行业影响深远的《格拉斯-斯蒂格尔法案》，规定证券承销业务和传统银行业务必须分业经营。随着资本市场法制体系建设和投资者保护制度的不断健全，1999年国会通过了《金融服务现代化法案》（也称《格雷姆-里奇-比利雷法案》，*Gramm-Leach-Bliley Act*），商业银行再次进入证券承销市场。

　　就承销模式来说，联合承销虽然早在19世纪70年代的铁路债券发行中就已经被广泛地采用，但这一承销模式直到1995年才在IPO资本市场中首次出现。2000年互联网泡沫破裂后，美国资本市场中的IPO公司数量开始大幅减少，联合承销逐渐成为主流的IPO承销方式。由于IPO承销上市的流程极其复杂烦琐，因此在联合承销模式下，承销商根据职责分工的不同又可以具体分为主承销商、簿记管理人、联合承销经理等。通常而言，簿记制定价下的IPO承销上市流程主要包括以下三个步骤：首先，IPO公司向SEC提出上市申请，承销商通过尽职调查收集信息确定IPO发行价格区间；其次，SEC核准发行后，承销商组织路演活动推介新股，与此同时根据收集到的询价信息确定IPO发行价格；最后，IPO公司挂牌上市，主承销商作为IPO公司的做市商负责公司上市后的股票交易业务。

根据上述制度背景分析，美国资本市场中的 IPO 承销商主要通过尽职调查和路演询价收集于 IPO 定价有用的信息，上述两个阶段信息收集的经济后果，即承销商路演之前制定的 IPO 价格区间、路演后确定的 IPO 发行价格以及 IPO 首日收盘价格均能够准确地进行观测和衡量。因此，本书第四章至第六章将以簿记制定价下承销商制定的 IPO 初始发行价格区间、路演后的价格调整幅度及 IPO 抑价水平作为承销商 IPO 定价效率的代理变量，实证分析承销商尽职调查阶段的信息收集活动与 IPO 定价效率之间的关系。

第四章　股价信息含量与承销商 IPO 定价效率

第一节　引言

　　资本市场如何影响实体经济的发展一直以来都是金融经济学的重要研究问题。以 Bernanke 和 Gertler（1989）、Kiyotaki 和 Moore（1997）为代表的一系列文献重点研究了一级资本市场中的信息不对称引起的"逆向选择"和"道德风险"问题与公司的融资、投资效率之间的关系。一级资本市场能够通过股票、债券等金融工具的发行直接将投资者手中的资金这一稀缺的经济资源合理地配置到有融资需求的公司中，从而有效地促进了实体经济的发展。与一级资本市场不同，二级资本市场中的股票只在投资者之间转手交易，并不能直接影响实体经济中的资本配置效率。既然如此，这是否就意味着二级资本市场中的股价信息对实体经济没有影响？如果真的没有影响，那么上市公司的管理层为何密切关注资本市场中的股价走向？资本市场的其他参与者，如分析师、评级机构、投资者等又为何会在预测和分析上市公司的股价中投入诸多的精力？为了解决上述问题，相关研究领域的学者多从股价信息含量的视角出发，探讨二级资本市场中的股价信息是否能够通过影响上市公司管理层的各种经济决策从而间接地影响实体经济中资源的有效配置。在极其复杂多变的现代商业环境中，公司管理层最优化的经济决策不仅取决于对公司内部信息的收集和掌握情况，如公司自身的运营效率、研发状况、员工素质等，很大程度上还取决于对公司外部信息的有效收集和分析，如公司所在资本市场的宏观经济环境、竞争对手的运营状况、客户的需求变化、行业产业价值链的发展等。因此，为了提高自身经济决策的有效性，公司的管理层必须不断拓宽自身的信息收集渠道，更加及时、准确、全面地获取各类于决策有用的信息。

以往研究发现上市公司外部资本市场的投资者拥有大量与公司内在价值相关的异质性私有信息（Grossman，1976），此类信息通过投资者的股票交易行为充分、及时地传递到了二级资本市场的股价中。因此，上市公司的管理层能够利用从股价中收集到的增量信息优化自身的投资、融资等经济决策（Hellwig，1980）。与以往研究不同，本章从 IPO 资本市场中最重要的中介机构，即承销商的信息收集视角出发，研究股价信息含量与承销商 IPO 定价效率之间的关系。由于二级资本市场中的股价信息作为一种公共品具有典型的非排他性和非竞争性特征，因此任何资本市场参与者均能够以相对较低的成本和较高的时效性收集此类信息。承销商作为一级资本市场中的重要中介机构，承担着收集信息制定合理的 IPO 发行价格，降低投资者与 IPO 公司之间的信息不对称程度的重要责任。如果承销商能够从 IPO 公司外部二级资本市场的股价中积极地收集于 IPO 定价有用的信息以提高自身的 IPO 定价效率，这便意味着股价信息不仅能够通过影响上市公司管理层的经济决策间接地影响实体经济的发展，而且能够通过影响承销商的新股定价决策直接影响实体经济中资本的有效配置。

目前，与承销商 IPO 定价效率相关的研究提出的两个主要研究假说分别为"投资银行卖方垄断假说"和"部分调整假说"。根据"部分调整假说"，IPO 抑价是承销商为了提高 IPO 定价的合理性对路演中机构投资者私有信息收集和披露成本的必要补偿。"投资银行卖方垄断假说"则认为承销商为了确保新股成功发行，利用自身的各种市场力量刻意地压低了 IPO 发行价格，从而降低了 IPO 定价效率。受上述研究的启发，本章从路演之前的信息收集视角出发，进一步探讨承销商在 IPO 定价决策中扮演的角色。与其他信息相比，股价信息具有多元化、低成本、时效性强、较为客观等特征。根据"部分调整假说"，如果承销商能够在路演之前以较低的成本从二级资本市场的股价中收集到较高质量于 IPO 定价有用的信息，则应当能够减少对路演中机构投资者私有信息的依赖，IPO 抑价应当随之降低。反之，如果承销商在 IPO 承销业务中是机会主义者，即承销商的 IPO 定价行为符合"投资银行卖方垄断假说"，那么即使二级资本市场的股价中含有于 IPO 定价有用的信息，承销商也没有动力花费时间和精力收集此类信息。在上述理论分析的基础上，本章重点研究了二级资本市场的股价信息含量与承销商 IPO 定价效率之间的关系。

　　本章可能存在的研究创新和研究贡献主要有以下几点：首先，虽然大多数关于股价信息含量经济后果的研究在理论和实证层面均支持"股价信息反馈效应假说"，即上市公司的股价中汇集了投资者收集到的大量私有信息，此类信息有助于公司管理层优化自身的经济决策（Dow et al.，2007）。但是上述研究存在的主要问题在于上市公司的股价信息和公司管理层的各项经济决策之间存在固有的内生性关系，从而难以较为准确地解读相关的研究发现（Foucault and Frésard，2012；Liu and Tian，2016）。本书选取 IPO 公司作为研究对象，此类公司在二级资本市场中并不存在直接反映公司基本面和未来现金流走势的股价信息。此外，本书研究的决策主体是 IPO 承销商，而非公司内部的管理人员。因此，本书的研究设计能够有效地缓解以往研究中存在的内生性问题，从而有助于较为准确地检验股价信息含量的经济后果。其次，现有研究股价信息含量影响公司价值评估的文献多关注股价信息含量与上市公司的并购及再融资发行决策之间的关系。例如，以往研究发现较高的股价信息含量有助于上市公司的管理层分析被收购公司的内在价值，随后通过以股换股的形式更加高效地开展收购业务（Khanna and Sonti，2004；Kau et al.，2008）。Giammarino 等（2011）研究发现当上市公司计划通过股票增发再融资时，公司的管理层会根据二级资本市场中的股价信息决定继续或撤回增发新股的申请。与上述研究不同，本章将一级资本市场中的承销

商、二级资本市场中的股价信息含量和实体经济中需要融资的 IPO 公司作为一个
有机的整体进行研究，为探讨股价信息含量的经济后果提供了新的视角。最后，
以往有关承销商 IPO 定价信息收集的研究多关注 IPO 公司内部管理层提供的财务
信息或路演询价阶段机构投资者提供的申购报价信息，本章重点研究了来自 IPO
公司外部资本市场的股价信息对承销商 IPO 定价效率的影响，从而进一步拓展了
承销商 IPO 定价信息收集渠道的研究成果。

第二节　理论分析与研究假设

　　IPO 作为公司发展历程中具有里程碑意义的事件影响着资本市场中的诸多利
益相关方。IPO 定价是否合理不但直接影响着 IPO 公司能否成功上市融资，而且
直接影响着资本市场中广大投资者的投资决策和经济收益，因此承销商的 IPO 定
价效率是一个十分重要的研究问题。对于 IPO 公司来说，IPO 发行价格低于公司
内在价值造成的 IPO 抑价是一笔可观的额外发行成本（Ritter，1987）。Habib 和
Ljungqvist（2001）研究发现 IPO 公司愿意为提高新股发行价格的合理性支付费
用，直到降低 IPO 抑价产生的边际成本等于其边际收益。Stoughton 等（2001）
研究发现 IPO 定价的合理性直接影响着 IPO 公司产品和服务的市场声誉，进而影
响着公司上市后的业绩，因此 IPO 公司愿意向定价更加合理的承销商支付较高的
承销费用。尽管 IPO 公司为了筹集到更多的资金可能有动机以高于公司内在价值
的价格发行新股，但是 Subrahmanyam 和 Titman（1999）研究发现 IPO 定价过高
带来的长远损失远超过高价发行股票带来的短期收益。Maksimovic 和 Pichler
（2004）研究发现新股高价发行会导致 IPO 公司的管理层制定不切实际的投资目
标，从而会对公司未来的现金流造成严重的负面影响。

　　除 IPO 公司外，簿记制定价下的承销商也有着强烈的动机提高自身的 IPO 定
价效率。首先，承销商的承销收入和 IPO 公司的融资总额成正比，因此承销商期

望通过制定合理的 IPO 发行价格降低 IPO 抑价造成的经济损失（Benveniste et al.，1996）。其次，尽管承销商可能有动机通过较低的 IPO 定价规避新股发行失败的风险，但从长远来看这一行为将会严重损害承销商的市场声誉和日后获得承销业务的机会（Dunbar，1997）。Krigman 等（2001）研究发现与 IPO 抑价较低的公司相比，抑价较高的 IPO 公司在随后增发新股再融资时更可能更换其主承销商。Titman 和 Trueman（1986）研究发现 IPO 定价效率较高的承销商能够更加有效地发挥自身的声誉机制，从而能够获得更多高质量的 IPO 客户、较高的承销收入和承销市场份额。Sherman 和 Titman（2000）研究发现在竞争激烈的 IPO 承销市场中，承销商通常会支付高薪给自己的明星分析师，并且会在路演活动之外花费大量的资源收集各类于 IPO 定价有用的信息，提高新股发行价格的合理性。Rin 等（2011）研究发现 IPO 定价效率较低的承销商不仅会丧失 IPO 承销市场份额，而且难以获得股权再融资的承销业务以及与其他高声誉的承销商联合承销的机会。最后，在投资者保护制度较为健全的美国 IPO 资本市场中，承销商的承销活动受到监管机构、行业协会、新闻媒体的广泛监督，就承销商在 IPO 发行过程中的各类舞弊行为和违规操作提起的诉讼案件屡见不鲜（Ellis et al.，2000）。鉴于上述原因，簿记制定价下的 IPO 承销商出于自身承销声誉和经济利益的考虑，也有着强烈的动机提高 IPO 定价效率。

在新股发行过程中，IPO 发行价格是拟上市公司、承销商和投资者最为关切也最难评估的问题。在错综复杂的现代生产经营环境中，IPO 公司的价值不仅取决于公司自身的基本面因素，还在很大程度上受到同行业其他公司的经济行为、公司所处资本市场的宏观环境等诸多外部因素的影响（Hoffmann - Burchardi，2001）。同行业公司生产的商品和提供的服务彼此间具有一定程度的替代性，因此公司管理层的各种经济决策不仅直接影响着公司自身的现金流，还影响着同行业其他公司的现金流（Foucault et al.，2014）。对于 IPO 公司来说，其产品和服务的市场供需与同行业其他公司的产品和服务密切相关，因此 IPO 公司的管理层在制定各项经济决策时除了需要关注公司自身的特质信息外，还需要充分考虑同行业公司的相关信息。Benveniste 等（2002）研究发现基金公司、保险公司等专业的机构投资者比上市公司的管理层更了解同行业其他公司的经营发展状况，上述投资者能够利用自身的信息优势较为准确地预测公司未来的发展前景。

虽然与上市公司相比，IPO 公司在二级资本市场中没有自由流通的股票，因此承销商无法从 IPO 公司自身的股价中及时地获取于 IPO 定价有用的信息，但是 IPO 公司同行业已上市公司的股价中包含着与 IPO 公司竞争性商品和服务相关的信息，此类信息对判定 IPO 公司的内在价值具有重要的参考价值。Kaplan 和 Ruback（1995）、Maeseneire 等（2002）研究发现承销商在进行 IPO 估值时多参考 IPO 公司同行业已上市公司的市盈率，并在此基础上结合自身收集到的 IPO 公司特质信息确定最终的新股发行价格。Alford（1992）研究了承销商常用的几种 IPO 估值模型，结果发现使用根据行业、公司规模和盈余增长率三个条件进行匹配的可比公司市盈率法进行估值最为准确。

簿记制定价下的 IPO 承销商需要在路演询价之前通过充分的信息收集确定 IPO 初始发行价格区间。虽然承销商在路演之前的尽职调查阶段能够深入 IPO 公司内部收集于 IPO 定价有用的信息，但承销商如果仅根据从 IPO 公司内部获取到的信息制定新股发行价格具有极大的风险：一方面，与上市公司相比，IPO 公司成立时间相对较短，公司内部可以用来作为定价参考的历史财务、业务信息较为有限；另一方面，许多 IPO 公司处于高速发展的新兴行业或领域，其盈利模式并不成熟，运营风险和市场前景的不确定性相对较高，公司内在价值的实现往往取决于难以准确量化和预测的前瞻性因素。由此可见，承销商在制定 IPO 价格区间时必须积极拓宽自身的信息收集渠道，从 IPO 公司外部资本市场和实体经济中收集有助于判定公司内在价值的信息。

对于承销商来说，IPO 公司同行业已上市公司的股价信息对 IPO 定价具有重要的参考价值。当资本市场的投资者对 IPO 公司所在行业或领域科技的突破性发展、竞争性产品和服务的市场供需、产业价值链的变化等掌握有私有信息，并试图利用上述信息在股票市场中进行套利交易时，此类信息就会及时、集中地反映到 IPO 公司同行业已上市公司的股价中（Beaver et al.，1997）。因此，IPO 承销商可以从二级资本市场的股价中积极挖掘于 IPO 定价有用的信息，以提高自身的

IPO 定价效率。Scharfstein 和 Stein（1988）、Devenow 和 Welch（1996）研究了同行业上市公司间投资行为互相趋同的原因，结果发现在制定公司未来的投资决策时，上市公司的管理层会从同行业其他上市公司的股价中积极地收集与自身投资决策相关的信息，从而能够更加高效地识别投资收益最大化的项目。Hoffmann-Burchardi（2001）研究了 IPO 资本市场中同行业公司扎堆上市的现象，结果发现已上市公司的股价信息能够有效地降低投资者对后续上市公司内在价值的不确定性和信息收集的成本，从而显著提高了 IPO 公司股权融资的效率。Leary 和 Roberts（2014）研究发现上市公司的管理层在制定融资策略时会积极地从同行业其他上市公司的股价中收集于决策有用的信息。Foucault 和 Frésard（2014）研究发现在控制了上市公司自身的股票投资回报率后，公司的投资水平与同行业其他公司的平均股票投资回报率显著正相关；进一步研究发现公司的管理层在识别未来的投资行业和投资领域时会积极地从同行业其他公司的股价中收集于决策有用的信息。Liu 和 Tian（2016）研究发现被投资公司同行业已上市公司的股价信息含量越高，风险投资选择联合投资的概率越小，联合风投的数量也越少。根据上述理论分析，提出本章的第一个研究假设：

假设 4-1：在其他条件不变的情况下，IPO 公司同行业已上市公司的股价信息含量越高，承销商制定的 IPO 价格区间越小，IPO 初始发行价格越接近公司的内在价值。

簿记制定价下的 IPO 承销商在向 SEC 提交最终确定的 IPO 价格区间后会通过路演询价的方式邀请有意向申购新股的机构投资者进行报价。由于 IPO 公司内在价值的不确定性和信息不对称性相对较高，因此为了确定合理的新股申购价格，机构投资者在参加路演活动之前通常需要花费较高的成本收集有助于判定 IPO 公司内在价值的信息。为了实现收益最大化，参与询价的机构投资者希望能够以尽可能低的 IPO 发行价格申购到较多数量的新股，因此通常不愿意将自己收集到的定价信息披露给承销商。Hanley（1993）研究发现为了鼓励机构投资者在路演询价中向承销商披露于 IPO 定价有用的私有信息，尤其是与 IPO 公司内在价值相关的好消息，承销商必须以较高的 IPO 抑价和配股对机构投资者的信息收集和披露成本进行补偿。因此，对于 IPO 公司和承销商来说，通过路演询价从机构投资者中收集 IPO 定价信息的成本较高。Ljungqvist 等（2003）研究发现 IPO 公司通过路演询价发行股票的成本是以固定价格发行股票成本的两倍以上，其中很大一部分成本是以 IPO 抑价的形式对机构投资者信息收集和披露成本的补偿。综上所述，如果 IPO 承销商能够在路演之前以较低的成本获取到更多高质量于 IPO 定价有用的信息，其在路演询价中便能够减少对机构投资者私有信息的依赖，IPO 抑价也会随之降低。根据上述理论分析，提出本章的第二个研究假设：

假设 4-2：在其他条件不变的情况下，IPO 公司同行业已上市公司的股价信息含量越高，承销商路演后对 IPO 初始发行价格的调整幅度越小，IPO 抑价越低。

第三节　研究设计

一、样本选取与数据来源

本章选取的研究样本是 1995~2018 年在美国资本市场中首次公开发行股票的公司（IPO 公司）。IPO 公司样本数据来自 SDC 首次公开发行数据库（Securities Data Corporation Platinum New Issue Database）。在样本选取过程中，参照以往的研究文献并结合本章的研究设计做了以下筛选工作：①剔除了封闭式基金（Closed-end Funds）、房地产投资信托（Real Estate Investment Trust，REIT）、美国存托凭证（American Depositary Receipt，ADR）、金融和能源行业的 IPO 公司（SIC 代码为 4000-4999 和 6000-6799）、发行价格低于 5 美元的 IPO 公司和单位发行（Unit Offering）；②剔除直接发行上市、拍卖上市和以固定价格上市的 IPO 公司；③剔除在电子化数据收集、分析及检索系统数据库（Electronic Data Gathering，Analysis，and Retrieval System，EDGAR）中无法获取到 IPO 注册声明 S-1

的公司；④剔除其他主要研究数据缺失的样本公司，最终得到 3094 个样本观测值。为了排除异常值的干扰，对主要连续变量在上下 1%处进行 Winsorize 处理。

本章研究所需的 IPO 公司上市年度、发行股票的数量及发行价格、风险投资的持股情况、审计师信息均来自 EDGAR 数据库中的 S-1 文件；承销商的 IPO 初始定价区间、IPO 公司所属行业、承销费用、IPO 公司挂牌的证券交易所及 IPO 公司首日收盘价格的信息均来自 SDC 数据库，其中部分缺失的数据根据 EDGAR 数据库中 IPO 公司向 SEC 提交的 S-1A 和 424B 文件中的相关信息手工收集补充；IPO 公司的成立时间和承销商声誉的数据来自 Jay R. Ritter 教授网站发布的美国资本市场 IPO 公司基本信息及承销商综合排名信息（http：//bear. cba. ufl. edu/ritter/），其中部分缺失的数据根据 Kenney 和 Patton 1990 年到 2018 年新兴成长型上市公司数据库（Kenney and Patton 1990-2018 Firm Database of Emerging Growth Initial Public Offerings）中的相关信息进行补充；IPO 公司同行业已上市公司的股价数据来自证券价格研究中心数据库（The Center for Research in Security Prices，CRSP），所有的财务数据均来自标准普尔数据库（Standard & Poor's COMPUS-TAT）。

二、研究模型与变量定义

为了检验同行业已上市公司的股价信息含量对承销商 IPO 定价效率的影响，设计如下模型对本章的两个主要研究假设进行实证检验：

$$Y_{i,j} = a + b \times Info_j + c \times Controls + \varepsilon \qquad (4-1)$$

其中，$Y_{i,j}$ 分别代表研究假设 4-1 中行业 j 内每家 IPO 公司 i 的初始价格区间 $Range_{i,j}$，初始价格区间的中位数与 IPO 首日收盘价格之差 $Dif_{i,j}$ 以及研究假设 4-2 中的初始价格区间中位数与发行价格之差 $Revise_{i,j}$ 和 IPO 抑价 $IR_{i,j}$。上述四个被解释变量共同描述了簿记制定价下承销商的 IPO 定价效率。

本章研究问题的主要解释变量，即模型（4-1）中的股价信息含量 $Info_j$ 采用 IPO 公司同行业 j 中已上市公司的股价非同步性作为其代理变量（Roll，1988；Durnev et al.，2004；Chen et al.，2007）。具体而言，为了得到每家 IPO 公司同行业已上市公司的异质性股票投资回报率，首先将每家已上市公司二级资本市场中的股票投资回报率分成与市场相关的回报率、与行业相关的回报率和与公司特质相关的回报率三部分，通过以下回归得到公司异质性股票投资回报率：

$$r_{i,j,t} = \beta_i + \beta_{i,m} r_{m,t} + \beta_{i,j} r_{j,t} + \varepsilon \qquad (4\text{-}2)$$

其中，$r_{i,j,t}$ 是公司 i、行业 j 在时间 t 内的股票回报率，行业分类按照 CRSP 数据库中的三位数标准产业分类代码进行划分；$r_{m,t}$ 是公司所在证券交易市场 m 在时间 t 内的平均股票回报率，$r_{j,t}$ 是公司所在行业 j 在时间 t 内的平均股票回报率，t 取承销商向 SEC 提交最终确定的 IPO 初始发行价格区间前一年，同时要求 IPO 公司所在行业 j 中至少有 3 家上市公司，每家上市公司在时间 t 内至少有 50 个交易日的股价信息（Liu and Tian，2016）。式（4-2）的决定系数以 $R_{i,j}^2$ 表示，该参数代表每家上市公司 i 在时间 t 内的股票投资回报率能够被市场及行业同质性因素解释的程度。随后使用式（4-3）计算得出股价非同步性 $Info_{i,j}$ 作为公司 i 在时间 t 内股价信息含量的代理变量，IPO 公司同行业已上市公司的股价信息含量 $Info_j$ 取行业 j 中所有公司 $Info_{i,j}$ 的均值。

$$Info_{i,j} = \ln \left(\frac{1 - R_{i,j}^2}{R_{i,j}^2} \right) \qquad (4\text{-}3)$$

根据相关领域的已有研究（Barry et al.，1990；Lowry and Schwert，2004；Loughran and Ritter，2004；Chuluun，2014），在主回归模型（4-1）中加入了以下公司层面和行业层面的变量，控制其他可能影响承销商 IPO 定价效率的因素，主要包括以下几点：①公司年龄（*Age*），即 IPO 公司上市时的年龄；②IPO 规模（*Size*），即 IPO 公司募集资金的总额；③公司总资产（*Asset*），即 IPO 公司上市当年公司的总资产；④高科技公司（*Hi_tech*），即 IPO 公司是否属于高科技行业；⑤投资者情绪（*Invsen*），即 IPO 公司上市前 30 天公司所在证券交易所的平均 IPO 抑价率；⑥市场回报（*Ret_mkt*），即 IPO 公司上市前 30 天证券市场所有股票的平均投资回报率；⑦承销费用（*Fee*），即 IPO 公司支付的总承销费用；⑧主承销商声誉（*Rank*），即 IPO 公司上市前一年主承销商的 Carter-Manaster 最高排名；⑨风险投资（*VC*），即 IPO 公司上市时是否有风险投资的支持；⑩纽约证券交易所（NYSE），即 IPO 公司挂牌的证券交易所；⑪审计师声誉（Auditor），即 IPO 公司上市时的审计师是否为"五大"或"四大"；"四大"包括毕马威（Klynveld Peat Marwick Goerdeler，KPMG）、普华永道（Pricewaterhouse Coopers，PwC）、德勤（Deloitte Touche Tohmatsu，DTT）和安永（Ernst & Young，EY），"五大"还包括安达信（Arthur Anderson，AA）。此外，为了控制仅随年份和行业而改变的其他可能影响承销商 IPO 定价效率的因素，在回归模型中加入了 IPO 公司的上市年份和所在行业的虚拟变量。主要变量的定义如表 4-1 所示。

表 4-1 主要变量的定义及说明

变量名称	变量符号	变量的定义及说明
被解释变量		
初始价格区间	Range	（初始定价最高价格-初始定价最低价格）/初始定价最低价格
初始定价效率	Dif	｜IPO 首日收盘价格-初始定价区间的中位数｜/初始定价区间的中位数
路演价格调整	Revise	｜IPO 发行价格-初始定价区间的中位数｜/初始定价区间的中位数
IPO 抑价	IR	（IPO 首日收盘价格- IPO 发行价格）/ IPO 发行价格
解释变量		
股价信息含量	Info	IPO 公司同行业已上市公司的股价信息含量
控制变量		
公司年龄	Age	IPO 公司年龄的自然对数
IPO 规模	Size	IPO 发行规模的自然对数
公司总资产	Asset	IPO 公司总资产的自然对数
投资者情绪	Invsen	IPO 公司上市前 30 天公司在所在证券交易所的平均 IPO 抑价率
市场回报	Ret_mkt	上市首日 IPO 公司所在证券交易所的股票平均投资回报率
承销费用	Fee	IPO 总承销费用/ IPO 发行总收入
主承销商声誉	Rank	IPO 公司上市前一年主承销商的最高 Carter-Manaster 排名为 8 和 9 时取值为 1，否则取值为 0
审计师声誉	Auditor	IPO 公司上市时的审计师为"五大"（2001 年 12 月前）或"四大"（2001 年 12 月后）时取值为 1，否则取值为 0
高科技行业	Hi_tech	IPO 公司属于高科技行业时取值为 1，否则取值为 0
纽约证券交易所	NYSE	IPO 公司在纽约证券交易所挂牌时取值为 1，否则取值为 0
风险投资	VC	IPO 公司上市时有风险投资支持取值为 1，否则取值为 0

第四节　实证检验与结果分析

一、描述性统计

对模型（4-1）中的主要变量进行描述性统计，结果如表 4-2 所示。全样本统计显示承销商制定的初始价格区间 *Range* 均值为 0.358，表明初始价格的最大值比最小值平均高出 35.8%；初始价格的中位数与首日收盘价格之差 *Dif* 的均值为 0.419，表明 IPO 公司的首日收盘价格与承销商制定的 IPO 初始定价中位数之间的平均波动幅度约为 41.9%；初始价格中位数与发行价格之差 *Revise* 的均值为 0.142，表示承销商通过路演获得的信息对初始发行价格进行调整的幅度约为 14.2%；IPO 抑价 *IR* 的平均值为 0.259，表明 IPO 公司投资者的首日平均回报为 25.9%，25%分位数为 0.016，表明样本中超过 75%的 IPO 公司首日收盘价格超过发行价格，即 IPO 存在系统性的抑价现象。

主要解释变量 *Info* 均值为 2.942，标准差为 1.320，高于 Liu 和 Tian（2016）研究中报告的 2.22 和 0.70，说明与风险投资入股的创业公司相比，本书研究的 IPO 公司所在行业二级资本市场中的股价信息含量平均较高、差异也相对较大。主要控制变量中 *Rank* 的均值为 0.645，表明样本中超过 60%的 IPO 公司由高声誉的主承销商承销上市；*VC* 的均值为 0.367，表明样本中约有 1/3 的 IPO 公司有风险投资的支持；*NYSE* 的均值为 0.409，表明约 40.9%的样本公司在纽约证券交易所上市；*Auditor* 的均值为 0.835，表明超过 80%的样本公司由"五大"或"四大"会计师事务所担任其 IPO 审计师；*Size*、*Asset* 和 *Age* 的标准差分别为 0.961、1.302 和 0.818，说明 IPO 公司在筹资规模、总资产和年龄方面存在较大的差异；*Hi_tech* 的均值为 0.191，说明样本 IPO 公司中约有 1/5 的公司处于高科技行业；*Invsen* 的均值为 0.240，说明样本公司上市前 30 天二级资本市场的平均

IPO 抑价率约为 24%；*Fee* 的均值为 0.057，说明样本公司平均支付给承销商的承销费用约占 IPO 发行总收入的 5.7%；*Ret_mkt* 的均值为 0.008，说明样本公司上市首日资本市场的平均投资回报率约为 0.8%。

表 4-2　主要变量的描述性统计

变量	样本数	均值	标准差	最小值	25%分位数	50%分位数	75%分位数	最大值
Range	3094	0.358	0.279	0	0.154	0.300	0.500	1.500
Dif	3094	0.419	0.556	0	0.111	0.225	0.490	3.104
Revise	3094	0.142	0.132	0	0.059	0.125	0.176	0.889
IR	3094	0.259	0.449	−0.295	0.016	0.138	0.294	2.485
Info	3094	2.942	1.320	0.376	1.813	2.955	3.532	6.809
Age	3094	2.191	0.818	0	1.609	2.197	2.639	4.564
Size	3094	4.007	0.961	1.649	3.466	4.025	4.595	6.642
Asset	3094	4.566	1.302	1.549	3.733	4.440	5.284	8.406
Invsen	3094	0.240	0.406	−0.274	0.021	0.138	0.275	2.410
Fee	3094	0.057	0.016	0.005	0.050	0.060	0.070	0.096
Hi_tech	3094	0.191	0.393	0	0	0	0	1
Ret_mkt	3094	0.008	0.040	−0.101	−0.018	0.013	0.036	0.090
Rank	3094	0.645	0.479	0	0	1	1	1
VC	3094	0.367	0.482	0	0	0	1	1
Auditor	3094	0.835	0.371	0	1	1	1	1
NYSE	3094	0.409	0.492	0	0	0	1	1

二、相关性分析

对模型（4-1）中的主要变量进行相关性分析，结果如表 4-3 所示，回归模型各变量之间不存在严重的多重共线性问题，模型的变量选取较为合理。相关关系的结果显示，同行业已上市公司的股价信息含量 *Info* 与 *Range*、*Dif*、*Revise* 和 *IR* 四个被解释变量之间的 Pearson 相关系数均显著为负，说明 IPO 公司同行业已上市公司二级资本市场中的股价信息含量较高时，承销商对 IPO 公司内在价值的

表 4-3　相关性分析

变量	Dif	Range	Renise	IR	Info	Age	Size	Asset	Invsen	Fee	Hi_tech	Ret_mkt	Rank	VC	Auditor	NYSE
Dif	1.000															
Range	-0.066*	1.000														
Renise	0.366*	0.278*	1.000													
IR	0.896*	-0.222*	0.023	1.000												
Info	-0.003*	-0.023*	-0.008*	-0.001*	1.000											
Age	-0.163*	-0.079*	-0.049*	-0.157*	0.006	1.000										
Size	0.055*	-0.192*	-0.252*	0.146*	0.006	0.105*	1.000									
Asset	0.037*	-0.456*	-0.187*	0.102*	-0.000	0.145*	0.120*	1.000								
Invsen	-0.010	-0.003	-0.007	-0.013	0.008	0.058*	0.015	0.004	1.000							
Fee	0.005	-0.009	-0.008	0.017	0.033	-0.008	-0.011	-0.032	0.021	1.000						
Hi_tech	0.052*	0.018	-0.067*	0.089*	0.001	-0.020	-0.051*	-0.080*	-0.004	0.006	1.000					
Ret_mkt	0.007	0.019	0.020	-0.002	-0.014	-0.016	0.006	-0.007	-0.055*	-0.017	0.001	1.000				
Rank	-0.027	0.179*	-0.146*	0.044*	-0.023	-0.065*	-0.371*	-0.407*	-0.009	0.041*	0.066*	-0.009	1.000			
VC	-0.008	0.211*	-0.032	-0.012	0.016	-0.125*	-0.095*	-0.225*	0.012	-0.006	0.324*	-0.009	0.152*	1.000		
Auditor	0.049*	-0.189*	-0.104*	0.101*	0.049*	-0.049*	0.268*	0.168*	0.013	0.034	0.028	0.023	0.001	0.050*	1.000	
NYSE	-0.180*	-0.132*	-0.096*	-0.173*	0.001	0.215*	0.466*	0.381*	0.013	0.011	-0.143*	0.003	-0.217*	-0.029	-0.003	1.000

注：Pearson 相关性检验；*、**和***分别代表相关系数在 10%、5%和 1%水平下显著。

不确定性较低，路演后对 IPO 初始定价的调整幅度较小，承销商制定的 IPO 初始发行价格和最终确定的 IPO 发行价格也越接近 IPO 公司的内在价值。

三、基本回归分析

为了检验假设 4-1 和假设 4-2，对模型（4-1）进行回归分析，结果如表 4-4 所示。其中，*Info* 与 *Range* 之间的回归系数为 -0.095 且在 1% 水平下显著，说明 IPO 公司同行业公司股价信息含量越高，承销商对 IPO 初始发行定价的不确定性越低，其制定的 IPO 初始价格区间越小；*Info* 与 *Dif* 之间的回归系数为 -0.068 且在 1% 水平下显著，说明 IPO 公司同行业公司股价信息含量越高，承销商能够从二级资本市场的股价中获取到更高质量于 IPO 定价有用的信息，其制定的 IPO 初始发行价格越接近 IPO 公司的内在价值；*Info* 与 *Revise* 之间的回归系数为 -0.012 且在 5% 水平下显著，说明 IPO 公司同行业公司股价信息含量越高，承销商路演后对 IPO 初始发行价格的调整幅度越小，从而表明路演中机构投资者提供的私有信息和 IPO 公司同行业已上市公司的股价信息在承销商的 IPO 定价决策中具有一定的替代关系；*Info* 与 *IR* 之间的回归系数为 -0.033 且在 5% 水平下显著，说明 IPO 公司同行业公司股价信息含量越高，IPO 抑价越低，即当承销商能够从外部资本市场的股价中以较低的成本收集到更高质量的于 IPO 定价有用的信息时，承销商会减少对路演中机构投资者私有信息的依赖，IPO 抑价随之降低。综上所述，IPO 公司同行业已上市公司的股价信息含量越高，承销商的 IPO 定价效率越高，假设 4-1 和假设 4-2 得以验证。

表 4-4　股价信息含量与承销商 IPO 定价效率回归结果

变量	（1） *Range*	（2） *Dif*	（3） *Revise*	（4） *IR*
Info	-0.095***	-0.068***	-0.012**	-0.033**
	（-6.73）	（-3.45）	（-2.27）	（-2.23）
Age	-0.010*	-0.064***	-0.001	-0.057***
	（-1.96）	（-4.96）	（-0.41）	（-5.66）

续表

变量	（1） Range	（2） Dif	（3） Revise	（4） IR
Size	−0.200 ***	0.013	−0.032 ***	0.085 ***
	（−26.46）	（0.70）	（−6.83）	（5.86）
Asset	−0.010 *	0.042 ***	−0.005 *	0.052 ***
	（−1.94）	（3.14）	（−1.77）	（5.09）
Invsen	0.001	0.015	−0.001	0.012
	（0.10）	（0.62）	（−0.26）	（0.67）
Fee	−0.218	0.463	−0.016	0.572
	（−0.91）	（0.79）	（−0.12）	（1.26）
Hi_tech	−0.045 ***	−0.060	−0.014	−0.004
	（−2.93）	（−1.61）	（−1.63）	（−0.13）
Rank	−0.048 ***	−0.043 *	−0.061 ***	0.094 ***
	（−4.76）	（−1.77）	（−10.80）	（4.85）
VC	0.119 ***	−0.118 ***	−0.017 ***	−0.122 ***
	（11.81）	（−4.78）	（−2.95）	（−6.39）
Auditor	−0.007	−0.052 *	0.003	−0.042 *
	（−0.60）	（−1.83）	（0.47）	（−1.90）
NYSE	0.005	−0.155 ***	−0.020 **	−0.116 ***
	（0.35）	（−4.35）	（−2.38）	（−4.19）
Range			0.075 ***	
			（7.10）	
Ret_mkt				−0.065
				（−0.35）
Revise				0.410 ***
				（6.53）
截距	1.119 ***	0.320	0.255 ***	−0.243
	（7.31）	（0.85）	（2.94）	（−0.84）
年度固定效应	Yes	Yes	Yes	Yes
行业固定效应	Yes	Yes	Yes	Yes
样本数	3094	3094	3094	3094
调整后的 R^2	0.140	0.156	0.217	0.225

注：* 、 ** 和 *** 分别代表回归系数在 10%、5%和 1%水平下显著，括号内为 t 统计量。

四、稳健性检验

为了确保上述研究结论的可靠性，本章对主要回归结果进行如下的稳健性检验：

1. 重新定义行业分类标准

本章主要选取 CRSP 数据库中的三位数标准产业分类代码计算 IPO 公司同行业已上市公司的股价信息含量，在以下的稳健性检验中，本书选取二位数标准产业分类代码作为行业划分的标准，按照式（4-2）和式（4-3）重新计算 IPO 公司同行业已上市公司 i 在时间 t 内的股价信息含量，并按照两位行业代码取行业 j 中所有公司 $Info_{i,j}$ 的均值得到新的 $Info_j$。随后将重新计算得到的股价信息含量 $Info_j$ 作为主要解释变量对模型（4-1）进行回归分析，模型中的被解释变量和控制变量均不变。

稳健性检验的结果如表 4-5 所示，其中，$Info$ 与 $Range$ 之间的回归系数为 -0.089，与 Dif 之间的回归系数为 -0.076 且均在 1% 水平下显著，由此说明 IPO 公司同行业公司股价信息含量越高，承销商对 IPO 初始发行价格的不确定性越低，其制定的 IPO 初始发行价格越接近 IPO 公司的内在价值；$Info$ 与 $Revise$ 之间的回归系数为 -0.013 且在 5% 水平下显著，说明 IPO 公司同行业公司的股价信息含量越高，承销商路演后对 IPO 初始发行价格的调整幅度越小；$Info$ 与 IR 之间的回归系数为 -0.041 且在 1% 水平下显著，说明 IPO 公司同行业公司的股价信息含量越高，承销商对路演中机构投资者私有信息的依赖越低，IPO 抑价也越低。上述结果与主回归结果一致，说明本书的研究结论较为稳健。

表 4-5　稳健性检验结果（重新定义行业分类标准）

变量	（1） Range	（2） Dif	（3） Revise	（4） IR
Info	-0.089^{***} （-6.43）	-0.076^{***} （-4.01）	-0.013^{**} （-2.40）	-0.041^{***} （-2.85）

续表

变量	(1) *Range*	(2) *Dif*	(3) *Revise*	(4) *IR*
Age	-0.010 *	-0.064 ***	-0.001	-0.058 ***
	(-1.83)	(-5.05)	(-0.36)	(-5.96)
Size	-0.203 ***	0.009	-0.031 ***	0.081 ***
	(-27.31)	(0.50)	(-6.76)	(5.72)
Asset	-0.012 **	0.037 ***	-0.006 **	0.050 ***
	(-2.25)	(2.85)	(-2.09)	(5.00)
Invsen	-0.000	0.013	-0.001	0.013
	(-0.04)	(0.58)	(-0.15)	(0.76)
Fee	-0.178	0.377	-0.028	0.503
	(-0.75)	(0.66)	(-0.21)	(1.14)
Hi_tech	-0.048 ***	-0.048	-0.013	0.008
	(-3.22)	(-1.34)	(-1.58)	(0.28)
Rank	-0.052 ***	-0.054 **	-0.062 ***	0.088 ***
	(-5.23)	(-2.28)	(-11.18)	(4.72)
VC	0.119 ***	-0.120 ***	-0.016 ***	-0.125 ***
	(11.91)	(-5.02)	(-2.88)	(-6.75)
Auditor	-0.007	-0.057 **	0.000	-0.040 *
	(-0.64)	(-2.08)	(0.07)	(-1.89)
NYSE	0.008	-0.154 ***	-0.019 **	-0.116 ***
	(0.55)	(-4.37)	(-2.35)	(-4.25)
Range			0.073 ***	
			(7.14)	
Ret_mkt				-0.090
				(-0.50)
Revise				0.399 ***
				(6.56)
截距	1.145 ***	0.357	0.263 ***	-0.227
	(7.44)	(0.97)	(3.05)	(-0.79)
年度固定效应	Yes	Yes	Yes	Yes
行业固定效应	Yes	Yes	Yes	Yes
样本数	3215	3215	3215	3215
调整后的 R^2	0.147	0.154	0.218	0.223

注：*、**和***分别代表回归系数在10%、5%和1%水平下显著，括号内为t统计量。

2. 重新选择同行业已上市公司股价信息含量的时间区间

本章主要以承销商向 SEC 提交最终确定的 IPO 初始价格区间前一年作为度量二级资本市场股价信息含量的时间区间。由于在实际的 IPO 承销业务中，簿记制下承销商路演之前的尽职调查通常持续 3~5 个月，因此为了更加准确地检验承销商是否能够在这段时间内有效地利用二级资本市场股价中的信息提高自身的 IPO 定价效率，在以下的稳健性检验中将时间 t 定义为承销商向 SEC 提交最终确定的 IPO 价格区间前 3 个月，并按照式（4-2）和式（4-3）重新计算 IPO 公司同行业已上市公司的平均股价信息含量 $Info_j$。随后按照模型（4-1）对假设 4-1 和假设 4-2 进行实证检验，模型中的被解释变量和控制变量均与主回归分析相同。

回归得到的结果如表 4-6 所示，其中，$Info$ 与 $Range$ 之间的回归系数为 -0.088 且在 1% 水平下显著，说明 IPO 公司同行业公司股价信息含量越高，承销商制定的 IPO 初始发行价格区间越小；$Info$ 与 Dif 之间的回归系数为 -0.061 且在 1% 水平下显著，说明 IPO 公司同行业公司股价信息含量越高，承销商制定的 IPO 初始发行价格越接近 IPO 公司的内在价值；$Info$ 与 $Revise$ 之间的回归系数为 -0.011，与 IR 之间的回归系数为 -0.037 且均在 1% 水平下显著，说明 IPO 公司同行业已上市公司的股价信息含量越高，承销商路演询价后的价格调整幅度越小，IPO 抑价也越低。上述回归结果与主回归结果保持一致，说明本章的研究结论总体上较为稳健。

表 4-6　稳健性检验结果（重新定义股价信息含量时间区间）

变量	(1) Range	(2) Dif	(3) Revise	(4) IR
$Info$	−0.088*** (−7.89)	−0.061*** (−3.39)	−0.011*** (−2.58)	−0.037*** (−2.62)
Age	−0.008 (−1.57)	−0.067*** (−5.05)	−0.001 (−0.37)	−0.060*** (−5.91)

续表

变量	(1) Range	(2) Dif	(3) Revise	(4) IR
Size	-0.205*** (-26.67)	0.014 (0.76)	-0.024*** (-5.11)	0.082*** (5.52)
Asset	-0.012** (-2.15)	0.037*** (2.71)	-0.009*** (-3.00)	0.052*** (4.96)
Invsen	-0.004 (-0.41)	0.009 (0.40)	-0.000 (-0.04)	0.010 (0.54)
Fee	-0.113 (-0.46)	0.272 (0.45)	-0.049 (-0.36)	0.384 (0.83)
Hi_tech	-0.046*** (-3.05)	-0.051 (-1.37)	-0.015* (-1.74)	0.007 (0.25)
Rank	-0.055*** (-5.46)	-0.053** (-2.13)	-0.062*** (-11.06)	0.089*** (4.57)
VC	0.121*** (11.85)	-0.124*** (-4.96)	-0.017*** (-2.85)	-0.127*** (-6.57)
Auditor	-0.012 (-1.01)	-0.057** (-2.03)	0.002 (0.31)	-0.039* (-1.80)
NYSE	0.006 (0.36)	-0.166*** (-4.31)	-0.016* (-1.87)	-0.133*** (-4.45)
Range			0.082*** (7.78)	
Ret_mkt				-0.090 (-0.48)
Revise				0.403*** (6.31)
截距	1.153*** (7.50)	0.362 (0.96)	0.253*** (2.94)	-0.229 (-0.78)
年度固定效应	Yes	Yes	Yes	Yes
行业固定效应	Yes	Yes	Yes	Yes
样本数	3067	3067	3067	3067
调整后的 R²	0.157	0.153	0.222	0.219

注：*、**和***分别代表回归系数在 10%、5%和 1%水平下显著，括号内为 t 统计量。

3. 剔除样本中的高科技公司

本章研究的主要实证检验样本包括高科技公司和非高科技公司，在以下的稳健性检验中剔除高科技公司，再次回归得到的结果如表 4-7 所示。其中，*Info* 与 *Range* 之间的回归系数为 -0.093 且在 1% 水平下显著，说明 IPO 公司同行业公司股价信息含量越高，承销商路演之前对 IPO 公司内在价值的不确定性越低；*Info* 与 *Dif* 之间的回归系数为 -0.051 且在 1% 水平下显著，说明 IPO 同行业公司股价信息含量越高，承销商制定的 IPO 初始价格越接近公司的内在价值；*Info* 与 *Revise* 之间的回归系数为 -0.012 且在 1% 水平下显著，与 *IR* 之间的回归系数为 -0.024 且在 10% 水平下显著，说明 IPO 公司同行业已上市公司的股价信息含量越高，承销商路演后对 IPO 初始价格的调整幅度越小，IPO 抑价越低。上述回归结果与全样本的回归结果一致，进一步地表明了本章主要研究结论的稳健性。

表 4-7 稳健性检验结果（删除样本中的高科技公司）

变量	(1) Range	(2) Dif	(3) Revise	(4) IR
Info	-0.093***	-0.051***	-0.012***	-0.024*
	(-8.21)	(-2.78)	(-2.75)	(-1.71)
Age	-0.011*	-0.055***	-0.002	-0.051***
	(-1.80)	(-4.01)	(-0.68)	(-4.81)
Size	-0.194***	0.016	-0.031***	0.087***
	(-22.74)	(0.82)	(-5.81)	(5.58)
Asset	-0.012**	0.025*	-0.010***	0.048***
	(-2.02)	(1.74)	(-2.79)	(4.39)
Invsen	0.001	0.008	-0.004	0.015
	(0.05)	(0.30)	(-0.66)	(0.74)
Fee	0.017	0.125	0.052	0.237
	(0.06)	(0.19)	(0.32)	(0.47)
Rank	-0.044***	-0.044	-0.078***	0.119***
	(-3.76)	(-1.63)	(-11.70)	(5.55)

续表

变量	(1) Range	(2) Dif	(3) Revise	(4) IR
VC	0.108*** (8.71)	−0.119*** (−4.08)	−0.019*** (−2.61)	−0.117*** (−5.24)
Auditor	−0.007 (−0.54)	−0.037 (−1.17)	0.004 (0.52)	−0.032 (−1.33)
NYSE	0.005 (0.33)	−0.125*** (−3.24)	−0.021** (−2.24)	−0.093*** (−3.16)
Range			0.079*** (6.54)	
Ret_mkt				−0.014 (−0.07)
Revise				0.421*** (6.44)
截距	1.103*** (6.96)	0.351 (0.94)	0.292*** (3.18)	−0.297 (−1.04)
年度固定效应	Yes	Yes	Yes	Yes
行业固定效应	Yes	Yes	Yes	Yes
样本数	2504	2504	2504	2504
调整后的 R^2	0.112	0.144	0.235	0.213

注：*、**和***分别代表回归系数在 10%、5% 和 1% 水平下显著，括号内为 t 统计量。

五、进一步分析

IPO 承销业务本质上是一种以盈利为目的的商业活动，因此承销商在制定 IPO 发行价格时必须综合考虑各类 IPO 定价信息的收集成本和收益。虽然 IPO 公司与同行业已上市公司生产的商品和提供的服务具有一定的相似性，但是同行业不同公司之间具体的业务模式、营销策略、市场定位等可能存在较大差异。因此，对于行业可比性不同的 IPO 公司来说，承销商对二级资本市场中股价信息的依赖程度应当有所差异。此外，虽然二级资本市场中的股价信息收集成本相对较

低，但是与从 IPO 公司内部收集到的各类于定价有用的信息相比，股价信息的
IPO 价值相关性也较低。鉴于上述原因，本章进一步考察了股价信息含量对承销
商 IPO 定价效率的影响与 IPO 公司内在价值的不确定性和 IPO 公司治理水平之间
的关系。

1. IPO 公司内在价值的不确定性

对于承销商来说，无形资产占总资产比例较高的 IPO 公司信息不对称性较
高，此类公司内在价值的不确定性较大（Aboody and Lev，2000）。一方面，与厂
房、机器设备等有形资产相比，无形资产的异质性较强，许多无形资产并不存在
能够以公允价值进行公开交易的市场，其价值判定的主观性相对较高；另一方
面，无形资产价值的最终实现不仅依赖于无形资产本身的创新性和公司具体的业
务模式，而且依赖于公司未来的研发能力、整个行业的科技发展水平等诸多不确
定因素。因此，无形资产占总资产比例较高的 IPO 公司与同行业已上市公司的价
值可比性相对较低，此时承销商为了提高自身的 IPO 定价效率应当会减少对二级
资本市场股价信息的依赖，转而通过尽职调查和路演询价从 IPO 公司内部和定价研
究能力较强的机构投资者中收集于 IPO 定价有用的信息，提高 IPO 发行价格的合理
性。根据上述分析，以下将全样本 IPO 公司分为信息不对称性高低两组子样本，检
验 IPO 公司外部二级资本市场中的股价信息含量对承销商 IPO 定价效率的影响。

回归得到的结果如表 4-8 所示，其中，*Risk* 为 IPO 公司上市当年无形资产占
公司总资产的比例，当这一比例排名总样本的前 20% 时取值为 1，否则取值为 0。
交乘项 *Info×Risk* 与 *Range* 和 *Dif* 之间的回归系数分别在 1% 和 5% 水平下显著为
正，说明当 IPO 公司无形资产占总资产比例较高时，IPO 公司同行业已上市公司
的股价信息含量对承销商制定 IPO 初始发行价格区间的影响降低。*Info×Risk* 与
Revise 之间的回归系数在 5% 水平下显著为正，与 *IR* 之间的回归系数为 0.011 且
在 10% 水平下显著，说明 IPO 公司无形资产占总资产比例较高时，IPO 公司同行
业公司的股价信息含量对承销商路演后的价格调整及 IPO 抑价的影响降低。上述
回归结果总体显示无形资产占总资产比例较高的 IPO 公司内在价值的不确定性较
大，此时为了更加合理地判定 IPO 发行价格，承销商会在考虑 IPO 定价信息收集

成本的基础上进一步考虑各类定价信息的 IPO 价值相关性和可靠性,从而减少对来自 IPO 公司外部资本市场股价信息的依赖。

表4-8 进一步分析(IPO 公司内在价值的不确定性)

变量	(1) Range	(2) Dif	(3) Revise	(4) IR
Info×Risk	0.035***	0.019**	0.005**	0.011*
	(7.14)	(2.39)	(2.40)	(1.77)
Info	−0.005	−0.001	−0.001	0.002
	(−1.56)	(−0.18)	(−0.37)	(0.38)
Risk	0.043*	−0.084	−0.015	−0.059
	(1.80)	(−1.43)	(−1.08)	(−1.30)
Age	−0.010*	−0.064***	−0.001	−0.057***
	(−1.96)	(−4.98)	(−0.41)	(−5.69)
Size	−0.198***	0.007	−0.033***	0.080***
	(−26.24)	(0.39)	(−6.88)	(5.53)
Asset	−0.013**	0.051***	−0.005	0.060***
	(−2.34)	(3.80)	(−1.50)	(5.78)
Invsen	0.001	0.015	−0.001	0.012
	(0.08)	(0.63)	(−0.25)	(0.68)
Fee	−0.224	0.464	−0.013	0.572
	(−0.93)	(0.79)	(−0.10)	(1.26)
Hi_tech	−0.044***	−0.060	−0.014	−0.004
	(−2.90)	(−1.61)	(−1.64)	(−0.12)
Rank	−0.046***	−0.050**	−0.061***	0.088***
	(−4.59)	(−2.06)	(−10.86)	(4.54)
VC	0.119***	−0.116***	−0.017***	−0.121***
	(11.73)	(−4.71)	(−2.92)	(−6.33)
Auditor	−0.007	−0.052*	0.003	−0.042*
	(−0.59)	(−1.83)	(0.46)	(−1.89)
NYSE	0.004	−0.152***	−0.019**	−0.113***
	(0.29)	(−4.25)	(−2.35)	(−4.09)

续表

变量	(1) *Range*	(2) *Dif*	(3) *Revise*	(4) *IR*
Range			0.076*** (7.17)	
Ret_mkt				−0.049 (−0.27)
Revise				0.404*** (6.47)
截距	1.122*** (7.33)	0.289 (0.77)	0.254*** (2.93)	−0.268 (−0.93)
年度固定效应	Yes	Yes	Yes	Yes
行业固定效应	Yes	Yes	Yes	Yes
样本数	3094	3094	3094	3094
调整后的 R^2	0.141	0.161	0.217	0.230

注：*、**和***分别代表回归系数在 10%、5% 和 1% 水平下显著，括号内为 t 统计量。

2. IPO 公司治理水平

IPO 公司管理层提供的财务报告、现金流预测等信息与 IPO 公司内在价值直接相关并且能够较为客观、准确地量化后进行收集和分析，此类信息对承销商判定 IPO 公司的内在价值具有重要的参考意义。但以往研究发现 IPO 公司上市前普遍存在盈余管理、隐藏坏消息等行为，从而降低了 IPO 公司内部各类财务、业务信息于 IPO 定价的有用性。现代公司治理最基本的目标之一是建立一套完善的企业内控制度，确保公司管理层尽职履责，提高公司信息披露的质量和透明度。因此，如果 IPO 公司的公司治理水平较高，承销商则能够从 IPO 公司内部收集到更多高质量于 IPO 定价有用的信息，从而能够降低对 IPO 公司外部资本市场股价信息的依赖。

根据本书理论部分的分析，独立董事在现代公司治理中扮演着至关重要的角色：一方面，独立董事由公司的股东选举和任命，代表股东监督公司管理层的经济决策和业务行为，从而能够较为有效地预防和杜绝各种"道德风险"的发生，提高公司信息披露的透明度和可靠性；另一方面，独立董事具有丰富的公司治理知识和经验，从而能够帮助公司管理层提高各项经济决策的有效性，确保公司内在价值的合理实现。综上所述，当 IPO 公司独立董事占董事会成员比较高时，承销商在制定 IPO 发行价格时能够更多地依赖从 IPO 公司内部收集到的于各类定价有用的信息。根据上述分析，以下将 IPO 样本公司分为公司治理水平高低两组子样本，检验 IPO 公司同行业已上市公司的股价信息含量对承销商 IPO 定价效率的影响。

回归得到的结果如表 4-9 所示，其中，*NED* 为 IPO 公司独立董事在董事会中的占比，当这一比例排名总样本的前 20% 时取值为 1，否则取值为 0。IPO 公司董事会成员的信息来自 EDGAR 数据库中的 S-1 文件。交乘项 *Info×NED* 与 *Range* 和 *Dif* 之间的回归系数分别在 1% 和 5% 水平下显著为正，说明当 IPO 公司独立董事占比较高时，承销商在制定 IPO 初始发行价格区间时对 IPO 公司外部股价信息的依赖降低；*Info×NED* 与 *Revise* 和 *IR* 之间的回归系数分别在 5% 和 10% 水平下显著为正，说明对于独立董事占比较高的 IPO 公司来说，同行业已上市公司的股价信息含量对承销商路演后的价格调整和 IPO 抑价的影响降低。综合上述回归结果，当 IPO 公司治理水平较高时，承销商能够更多地依赖从 IPO 公司内部收集到的信息较为准确地判定 IPO 公司的内在价值，从而减少对二级资本市场中股价信息的依赖。

表 4-9 进一步分析（IPO 公司治理水平）

变量	(1) Range	(2) Dif	(3) Revise	(4) IR
Info×NED	0.014 ***	0.007 **	0.002 **	0.004 *
	(7.36)	(2.37)	(2.48)	(1.69)
NED	0.018	0.083	0.027 **	0.008
	(0.76)	(1.40)	(2.02)	(0.18)
Info	−0.005	0.002	0.001	0.001
	(−1.57)	(0.21)	(0.70)	(0.13)
Age	−0.010 *	−0.064 ***	−0.001	−0.057 ***
	(−1.96)	(−4.96)	(−0.41)	(−5.66)

续表

变量	（1） Range	（2） Dif	（3） Revise	（4） IR
Size	−0.200*** (−26.45)	0.012 (0.66)	−0.033*** (−6.89)	0.085*** (5.85)
Asset	−0.010* (−1.94)	0.042*** (3.14)	−0.005* (−1.77)	0.052*** (5.09)
Invsen	0.001 (0.13)	0.016 (0.67)	−0.001 (−0.19)	0.012 (0.67)
Fee	−0.214 (−0.89)	0.480 (0.82)	−0.009 (−0.07)	0.571 (1.26)
Hi_tech	−0.045*** (−2.94)	−0.061 (−1.63)	−0.014* (−1.65)	−0.004 (−0.14)
VC	0.120*** (11.83)	−0.117*** (−4.74)	−0.017*** (−2.89)	−0.122*** (−6.38)
Rank	−0.047*** (−4.74)	−0.043* (−1.74)	−0.061*** (−10.75)	0.094*** (4.85)
Auditor	−0.007 (−0.59)	−0.051* (−1.80)	0.003 (0.51)	−0.042* (−1.89)
NYSE	0.006 (0.41)	−0.152*** (−4.19)	−0.018** (−2.18)	−0.116*** (−4.15)
Range			0.074*** (7.07)	
Ret_mkt				−0.065 (−0.35)
Revise				0.409*** (6.52)
截距	1.115*** (7.28)	0.301 (0.80)	0.249*** (2.87)	−0.244 (−0.84)
年度固定效应	Yes	Yes	Yes	Yes
行业固定效应	Yes	Yes	Yes	Yes
样本数	3094	3094	3094	3094
调整后的 R^2	0.140	0.156	0.218	0.224

注：*、**和***分别代表回归系数在10%、5%和1%水平下显著，括号内为t统计量。

第五节　本章小结

社会经济发展面临的首要问题是如何将资本市场投资者手中有限的资金合理地配置到经济效益最大化的投资项目中，充分实现资本市场服务于实体经济的目标。自由资本市场中的股价担负着将资金这一稀缺的经济资源高效地配置到实体经济中的重要任务。具体而言，一级资本市场通过合理的 IPO 发行价格将资本直接配置到最有发展前景的 IPO 公司中，从而直接促进了实体经济的健康发展。二级资本市场中的股票虽然只在投资者手中转手交易，并不能够直接影响实体经济中资本的配置效率，但是以往的研究发现二级资本市场的股价中包含着于决策有用的增量信息，此类信息通过影响资本市场参与者的经济决策间接地影响着实体经济的发展。

受到上述研究的启发，本章从承销商路演询价之前的信息收集视角出发，重点探讨了二级资本市场中的股价信息含量对承销商 IPO 定价效率的影响。具体而言，本章首先检验了 IPO 公司同行业已上市公司的股价信息含量与承销商制定的 IPO 初始发行价格区间之间的关系，结果发现承销商在路演之前的尽职调查阶段能够积极地从二级资本市场的股价中收集对 IPO 定价有用的信息，降低了对 IPO 公司内在价值的不确定性。其次本章检验了股价信息含量与路演后的价格调整和 IPO 抑价之间的关系，结果发现 IPO 公司同行业已上市公司的股价信息含量越高，承销商路演后对 IPO 初始发行价格的调整幅度越小，IPO 抑价也越低，从而进一步验证了 Benveniste 和 Spindt（1989）提出的"部分调整假说"。虽然来自 IPO 公司外部资本市场的股价信息收集成本相对较低，但与从 IPO 公司内部收集到的定价信息相比，股价信息的 IPO 价值相关性较低。出于对上述因素的考虑，本章进一步研究了股价信息含量对承销商 IPO 定价决策的影响与 IPO 公司内在价值的不确定性和 IPO 公司治理水平之间的关系，结果发现当 IPO 公司的无形资产占总资产比例较高时，承销商对二级资本市场股价信息的依赖降低。此外，当 IPO 公司独立董事占董事会成员比例较高时，承销商在制定 IPO 发行价格时会更多地依赖从 IPO 公司内部收集到的定价信息。综上所述，本章的研究结果显示，簿记制定价下的 IPO 承销商在制定新股发行价格时究竟选择依赖何种信息不仅取决于信息本身的质量和收集成本，而且取决于信息对 IPO 价值的相关性和可靠性。

本章的研究发现对认识有效资本市场在社会经济发展中的作用具有重要的意义。首先，由于二级资本市场中的股价信息作为一种公共品不仅直接影响着投资者、公司管理层、证券分析师等资本市场参与者经济决策的有效性，而且能够通过影响一级资本市场中承销商的 IPO 定价效率直接影响实体经济中资本的有效配置，因此证券监管机构应当进一步加强对上市公司信息披露及时性、充分性和可靠性的要求与监督，提高二级资本市场中的股价信息含量。其次，二级资本市场中的股价信息具有相对客观、及时、全面、低成本等诸多其他信息难以替代的优势，因此承销商在制定 IPO 发行价格时不但需要关注从 IPO 公司内部收集到的各类定价信息，还应当积极利用股价中的增量信息提高 IPO 发行价格的合理性。

在本章研究的基础上，第五章将重点研究来自 IPO 公司内部的"软信息"与承销商 IPO 定价效率之间的关系，并将进一步探讨"软信息"与本章研究的二级资本市场中的股价信息在承销商的 IPO 定价决策中有着怎样的内在联系，以期更加全面地理解和认识承销商 IPO 定价的内在机理。

第五章 "软信息"收集与承销商 IPO 定价效率

第一节 引言

自 Petersen 和 Rajan（1994）首次正式提出"软信息"的概念后，学者就此类信息如何影响资本市场参与者的经济决策进行了广泛的研究。与能够较为准确地量化编码后以相对较低的成本进行电子存储，并以较高的时效性进行远距离传输的"硬信息"不同，"软信息"的有效收集和传播严重依赖于信息需求方与信息源之间较长时间的直接接触和当面沟通。因此，现代电子通信技术的高速发展虽然极大地降低了各类"硬信息"存储和收集的成本，提高了此类信息的传播和使用效率，但却未能有效地降低"软信息"的收集和传播成本。鉴于上述原因，研究"软信息"经济后果的学者多以地理距离作为"软信息"收集成本的代理变量，探讨此类信息的有效收集与资本市场利益相关方经济决策之间的关系。从这一领域现有的研究文献来看，学者从分析师的股价预测（Bae et al.，2008）、银行的信贷业务（Degryse and Ongena，2005；DeYoung et al.，2008）、独立董事对公司的监督（Masulis et al.，2012；Alam et al.，2015）、基金经理的投资收益（Hong et al.，2005；Teo，2009）、风险投资的投资和监督决策（Cumming and Dai，2010；Butler and Goktan，2013）、监管机构的监管效果（Kedia and Rajgopal，2011）、公司管理层的兼并收购决策（Ragozzino and Reuer，2009）、机构投资者的投资决策（Chakravarty，2013）、个体投资者的投资收益（Ivkovich and Weisbenner，2005；Pirinsky and Wang，2006）等多个不同的视角出发，深入探讨了"软信息"的有效收集对上述资本市场参与者经济决策的影响，并得出了许多有益的研究发现和研究启示。

承销商作为一级资本市场中的重要中介机构，其主要职能之一便是通过收集各类于 IPO 定价有用的信息制定合理的 IPO 发行价格。根据本书理论研究部分的分析，承销商在路演询价之前的尽职调查过程中从 IPO 公司内部收集到的定价信息包括"硬信息"和"软信息"。其中，"硬信息"主要包括 IPO 公司管理层披露的财务报告、现金流预测、投资预算等，此类信息易于较为客观的量化后通过电子编码进行远程传输，因此其收集和传播的成本相对较低。与之相比较，有助于判定 IPO 公司内在价值的各类"软信息"，如 IPO 公司管理层的经营能力、员工素质、无形资产的价值等则需要承销商亲自拜访 IPO 公司，通过与公司内部人员进行较长时间的直接接触以及面对面的沟通与交流才能较为有效地进行收集。此外，"软信息"非直观、定性化的特征导致了此类信息的主观性较强，在信息传递过程中易于失真，因此"软信息"的有效收集与传播强烈地依赖于较近的地理距离。Butler（2008）研究了地方承销商在证券承销业务中的竞争优势，结果发现与非本地投资银行相比，本地投资银行能够以较低的成本更加高效地收集与本地政府债券发行相关的各类"软信息"，从而能够更加合理地评估本地政府债券的投资风险和投资收益，同时收取相对较低的承销费用；进一步研究发现"软信息"收集的经济价值在承销风险较高和缺乏信用评级的政府债券时更加显著。Chuluun（2014）、Bajo 等（2016）研究发现，投资银行在证券承销行业中的网络中心度越高，其在承销业务中的"软信息"收集和传播能力越强。从这一领域现有的研究文献来看，虽然 IPO 公司内部各类于定价有用的"软信息"对承销商 IPO 定价具有重要的价值，但是由于此类信息难以较为客观、准确地进行观测和度量，因此目前没有研究系统地探讨"软信息"的有效收集与承销商 IPO 定价效率之间的关系。

承销商的 IPO 定价决策为深入研究"软信息"收集的经济后果提供了极佳的研究条件。一方面，与上市公司相比，IPO 公司成立时间较短、公司治理较不完善等特征导致了此类公司内部可以被收集和核实的"硬信息"数量相对较少。此外，大量与 IPO 公司会计信息披露质量相关的研究发现 IPO 公司的管理层在公司上市前经常会通过盈余管理的手段扭曲公司的资产负债、收入费用、现金流预测等"硬信息"，从而导致此类信息的准确性和可靠性相对较差（林舒、魏明海，2000；Morsfield and Tan，2006）。鉴于上述原因，承销商在制定 IPO 发行价格时必须重视收集和分析 IPO 公司内部各类对定价有用的"软信息"。另一方面，与资本市场中的风险投资和商业银行等中介机构相比，承销商更有动力投入时间和精力进行"软信息"的收集和分析：首先，如果商业银行和风险投资因为信息收集不充分做出了错误的贷款或投资决策，通常仅会对上述中介机构自身的行业声誉和业务收益造成损失，其社会影响范围相对较小。与之相比，承销商的 IPO 定价决策直接影响着资本市场中众多利益相关方的经济决策和经济收益，因此"软信息"的有效收集和分析对承销商具有更加重要的价值。其次，对于商业银行和风险投资来说，事前收集信息评估贷款客户和被投资企业的信誉及运营状况固然重要，但是由于银行和风投与贷款客户和被投资企业之间存在长期的债权与股权合同关系，上述中介机构能够对贷款客户与被投资企业内部的财务与业务情况进行持续监督。此外，大量的股权和债权合同都以被投资公司和贷款企业的资产作为担保并附有其他严格的资金使用限制条款，从而极大地降低了风险投资和银行由于事前信息收集不充分做出不当的投资贷款决策的经济损失。与之相比，承销商对 IPO 定价的信息收集仅限于尽职调查和路演询价两个阶段，承销商无法通过事后监督和其他担保措施弥补自身因 IPO 定价失误带来的经济和声誉损失。最后，在投资者保护制度较为健全的美国资本市场中，承销商的 IPO 承销行为受到 SEC、社会公众和媒体的广泛监督，中小投资者可以较为容易地联合起来通过集体诉讼的方式追究承销商 IPO 定价不当的法律责任。综上所述，为了降低 IPO 定价失误的风险,簿记制定价下的 IPO 承销商有着强烈的动机充分利用 IPO 公司内部于定价有用的"软信息"提高 IPO 定价的合理性。鉴于上述原因,本章以承销商与 IPO 公司之间的地理距离作为承销商"软信息"收集成本的代理变量,重点研究了尽职调查阶段"软信息"的有效收集对承销商 IPO 定价效率的影响。

本章可能存在的研究创新和研究贡献主要有以下几点:首先,随着通信技术的高速发展,地理距离是否依然能够显著影响资本市场参与者经济决策的有效性是一个十分重要的研究问题。以往研究发现地理距离对银行的信贷业务和竞争策略(Petersen and Rajan,2002;Hauswald and Marquez,2006)、SEC 的执法力度和执法效果(Kedia and Rajgopal,2011)等均有着显著的影响。本章的研究结果显示承销商与 IPO 公司之间的地理距离显著影响着承销商的 IPO 定价效率,从而进一步丰富了这一领域的研究成果。其次,现有研究公司内在价值的文献多关注上市公司的价值发现问题,与 IPO 公司价值发现相关的研究较少。例如,Anand 和 Subrahmanyam(2008)研究发现,股票经纪人能够更好地为客户挖掘被投资公司的内在价值。Anand 等(2011)研究发现,在纳斯达克证券市场中,与本地上市公司内在价值相关的信息大部分由本地做市商收集并向外部资本市场进行传播;进一步研究发现做市商离上市公司的总部越近,其"软信息"的收集优势越明显,对上市公司内在价值发现和传播的贡献也越大。本章选取信息不对称性相对较高的 IPO 公司作为研究对象,重点探讨了承销商在挖掘此类公司内在价值过程中的"软信息"收集活动,从而进一步深化了对 IPO 公司价值发现的认识。最后,目前与承销商 IPO 定价效率相关的研究多从承销商与 IPO 公司和机构投资者之间的博弈关系出发,研究上述利益相关方之间的信息不对称对 IPO 抑价的影响。本章研究从承销商与 IPO 公司之间的地理距离入手,重点探讨了承销商在 IPO 尽职调查过程中能够从 IPO 公司内部有效收集到的"软信息"数量与新股发行价格之间的关系,从而为研究承销商的 IPO 定价效率提供新的视角。

第二节　理论分析与研究假设

在自由资本市场中，由于各种内外部条件的限制，市场参与者能够收集到的信息质量和数量存在巨大差异。根据委托代理理论和信息不对称理论，公司内部人员掌握着大量与公司内在价值直接相关的私有信息，为了避免信息不对称造成的"逆向选择"问题，公司的管理层需要可信地将此类对决策有用的信息及时、准确地传递给外部资本市场的利益相关方。根据 Datsuke 和 Arai（2010）对"硬信息"和"软信息"的区分，来自公司内部的信息包括能够较为准确地记录计量、易于通过电子编码进行远程传输的"硬信息"和主观性较高、难以较为准确地量化后进行远距离实时传输的"软信息"。以往的研究结果显示，虽然现代互联网技术的高速发展极大地提高了"硬信息"在资本市场中流通和传播的效率，进而有效地降低了公司内外部的信息不对称程度，但是对资本市场参与者的经济决策具有重要价值的企业文化、公司治理、人力资本等各类"软信息"的有效收集和传播依然严重依赖于信息所有者和需求者能否长期直接接触和当面沟通。

Sussman 和 Zeira（1995）、Knyazeva 和 Knyazeva（2012）研究发现，距离客户地理距离较远的银行收集"软信息"对客户贷款进行监督的成本较高，此类银行收取的贷款利息相对较高，贷款合同中含有更多的担保条款。Ivkovich 和 Weisbenner（2005）研究发现，美国资本市场的投资者每年从投资本地上市公司的股票中获得的收益比投资非本地上市公司高出约 3.7%，其主要原因在于投资者能够以相对较低的成本高效地收集有助于判定本地上市公司内在价值的各类"软信息"。Hong 等（2005）研究发现，地理距离较近的投资者之间能够更加高效地互相传递与被投资公司内在价值相关的"软信息"，因此同一个城市的基金经理同时投资或抛售某只股票的概率更高。Agarwal 和 Hauswald（2010）研究发现，本地的商业银行能够在较长的时间内以相对较低的成本有效地收集与当地企业信贷风险相关的"软信息"，此类银行具有显著的本地业务竞争优势。Butler和 Goktan（2013）研究发现，与高声誉的风险投资相比，低声誉风险投资的主要竞争优势在于能够更加高效地将与被投资公司内在价值相关的"软信息"传递给外部资本市场的投资者，因此低声誉风投持股的 IPO 公司抑价率较低。Boubaker 等（2015）研究发现，当上市公司距离大都市较远时，股东收集公司内部"软信息"对公司进行有效监督的成本较高，此类公司的管理层将现金作为自由现金流长期持有而不以股息的形式发放给股东的概率更高。Nielsson 和 Wójcik（2016）研究发现，偏远地区的投资者具有更加紧密的社区联系，从而能够以相对较低的成本收集有助于判定本地 IPO 公司内在价值的"软信息"，降低与 IPO公司之间的信息不对称程度。综上所述，"软信息"的有效收集和传播对资本市场参与者的经济决策具有重要的价值。

与资本市场中的上市公司不同，未上市公司通常情况下不需要对外披露任何历史财务和业务信息，也不需要满足各种符合最佳实践的公司治理要求，此类公司与外部资本市场的信息不对称程度较高。承销商作为一级资本市场中最重要的中介机构，一方面需要通过收集有关 IPO 公司内在价值的信息制定合理的新股发行价格；另一方面需要可信地将收集到的各类于 IPO 定价有用的信息及时、完整、准确地传递给外部资本市场的投资者，降低投资者与 IPO 公司之间的信息不对称程度。"软信息"的高效收集对承销商制定新股发行价格具有重要的价值：首先，与上市公司相比，IPO 公司的经营时间相对较短、公司治理较不完善，其内部各类"硬信息"记录的完整性和可靠性相对较差。其次，虽然 SEC 要求 IPO公司在招股说明书中披露与公司内在价值相关的重要信息，但招股说明书中披露的信息对承销商 IPO 定价决策的参考价值有限。其原因主要在于：一方面，由于各种内外部因素和条件的限制，IPO 公司的管理层自身掌握的与公司未来现金流相关的信息并不完备，在 IPO 招股说明书有限的篇幅以及固定的披露模式下，管理层很难全面、准确地对外传递与公司内在价值相关的一切重要信息；另一方面，即便 IPO 公司的管理层拥有判定公司内在价值完整、准确的信息，但出于商业机密、行业竞争等原因，管理层可能不愿意对外公开披露此类信息。Arnold 等（2010）研究发现，大多数 IPO 公司的管理层在招股说明书中仅会披露 SEC 最低限度要求的必要信息。最后，在委托代理关系下，IPO 公司的管理层为了确保公司成功上市，有动机对外披露虚假的信息。Teoh 等（1994）研究发现，IPO 公司的管理层会通过降低折旧金额、减少应收账款准备金等不当的会计处理虚增公司上市前的盈余收入。Morsfield 和 Tan（2006）研究发现，IPO 公司上市前的盈余管理行为导致公司财报中披露的会计信息质量较差。根据上述分析，为了提高 IPO 发行价格的合理性，承销商有必要通过亲自参观 IPO 公司的日常运营，与 IPO 公司的各级管理层和主要业务部门的员工进行面对面的交流和访谈，以获取有助于判定公司的内在价值的"软信息"。

随着互联网通信技术的迅速发展和普及，越来越多的"硬信息"可以通过电子数字编码以极低的成本在信息所有者和需求者之间实时传输，但"软信息"的有效收集和传播依然严重依赖于较近的地理距离和较为紧密的社区关系网络（Cumming and Dai，2010）。Sorenson 和 Stuart（1999）研究发现，和被投资公司坐落在同一个社区的风险投资能够更加高效地收集有关公司投资风险和投资收益的"软信息"，因此风投具有显著的本地投资偏好性。Malloy（2005）研究发现，股票分析师对本地公司的股价预测更加准确，其原因主要在于股票分析师能够以较低的成本经常与本地上市公司的管理层进行直接的沟通和交流，从而能够收集到更多与公司投资价值相关的"软信息"。DeYoung 等（2008）研究发现，距离银行较远的小企业债务违约的概率较高，其原因主要在于较高的"软信息"收集成本导致银行未能对此类小企业的贷款进行有效的监督。Alam 等（2015）研究发现，与公司日常运营相关的各类"软信息"必须通过与公司管理层的当面沟通和交流才能进行有效收集，因此当公司的经营风险较高时，股东倾向于任命离公司地理距离较近的独立董事对公司的管理层进行监督。O'Brien 和 Tan（2015）研究发现，与上市公司地理距离较近的股票分析师为公司提供股票分析报道的时间比距离较远的股票分析师提前 1~3 周，上述关系在规模较小、信息不对称性较高的上市公司中更加显著。综上所述，IPO 公司与外部资本市场的信息不对称性较高、公司内部可供承销商收集的于 IPO 定价有用的"硬信息"数量较少、质量也较差等因素决定了"软信息"的有效收集和分析对承销商提高自身的 IPO 定价效率至关重要。此外,"软信息"难以量化、主观性较强、传递性较差等特征决定了此类信息的有效收集和分析直接取决于信息收集者和信息源之间的地理距离(Berger et al.,2005)。综上所述,承销商与 IPO 公司之间的地理距离决定了承销商的"软信息"收集成本,进而决定了承销商的 IPO 定价效率。根据上述理论分析,提出本章的第一个研究假设:

假设 5-1:在其他条件不变的情况下,承销商与 IPO 公司之间的地理距离越近,承销商制定的 IPO 初始价格区间越小,IPO 初始发行价格也越接近公司的内在价值。

在新股发行过程中,资金雄厚、投资经验丰富的机构投资者在决定申购 IPO 公司发行的股票之前会对公司的投资价值和投资风险进行详细的专业分析和评估。出于自身投资收益的考虑,机构投资者期望能够以较低的发行价格申购到更多抑价发行的新股,因此通常不愿意向承销商真实地披露自己收集到的私有信息。Hanley(1993)研究发现,为了鼓励询价机构披露有助于判定 IPO 公司内在价值的私有信息,承销商必须以较高的 IPO 抑价对询价对象的私有信息收集和披露成本进行补偿,并由此提出了"部分调整假说"。对于 IPO 公司而言,较高的 IPO 抑价意味着较高的股权融资成本和较低的融资收入,而承销商的 IPO 承销收入又与 IPO 公司的融资总额成正比,因此承销商和 IPO 公司均希望能够以尽量接近 IPO 公司内在价值的价格发售新股,降低 IPO 抑价带来的经济损失。综上所述,如果承销商能够在路演询价之前的尽职调查阶段从 IPO 公司内部收集到更多于定价有用的"软信息",降低自身对 IPO 公司内在价值的不确定性,那么在随后的路演询价过程中应当能够减少对机构投资者私有信息的需求。根据上述分析,提出本章的第二个研究假设:

假设 5-2:在其他条件不变的情况下,承销商与 IPO 公司之间的地理距离越近,路演询价后对 IPO 初始发行价格的调整幅度越小,IPO 抑价也越低。

第三节　研究设计

一、样本选取与数据来源

本章研究选取的样本是 1995~2018 年美国资本市场中的 IPO 公司。公司样本数据来自 SDC 数据库，并参照以往的研究文献做了如下筛选工作：①剔除金融和能源行业的 IPO 公司、发行价格低于 5 美元的 IPO 公司、单位发行、封闭式基金、房地产投资信托和美国存托凭证；②剔除拍卖上市、以固定价格上市和直接发行上市的 IPO 公司；③剔除在 EDGAR 数据库中无法获取到 S-1 文件的 IPO 公司；④剔除其他主要研究数据缺失的 IPO 公司，最终得到 3287 个样本观测值。为了排除异常值的干扰，对主要连续变量在上下 1% 处进行 Winsorize 处理。

本章研究中计算主要解释变量所需的 IPO 公司和承销商的地理位置信息、IPO 公司的上市年度、新股的发行数量及发行价格、风险投资的持股情况和审计师信息均来自 EDGAR 数据库；承销商制定的 IPO 初始价格区间、IPO 公司所属行业、总承销费用以及 IPO 首日收盘价格的信息来自 SDC 数据库，其中部分缺失的数据根据 S-1A 和 424B 文件中的信息手工收集补充；IPO 公司的成立时间和主承销商的声誉信息来自 Jay R. Ritter 教授的网站（http：//bear. cba. ufl. edu/ ritter/）；所有的财务数据和 IPO 公司总部的邮编信息均来自 COMPUSTAT 数据库。

二、研究模型与变量定义

为了检验"软信息"收集对承销商 IPO 定价效率的影响，本章设计如下模型对假设 5-1 和假设 5-2 进行实证检验：

$$Y_i = a + b \times Dis_i + c \times Controls + \varepsilon \tag{5-1}$$

其中，Y_i 分别代表研究假设 5-1 中的 $Range_i$ 和 Dif_i 以及研究假设 5-2 中的 $Revise_i$ 和 IR_i，以上四个被解释变量共同描述了承销商的 IPO 定价效率。

本章研究问题的主要解释变量 Dis_i 的度量方法如下：首先，从每家 IPO 公司的 S-1 文件中收集公司上市时总部所在地的地理位置信息，包括 IPO 公司总部所在的州、郡、县、市、街道地址和邮政编码；其次，参照 Patton 和 Kenney（2005）的研究方法，从 IPO 招股说明书中收集承销商律师事务所所在的州、郡、县、市、街道与邮政编码信息作为承销商地理位置的代理变量；最后，将 IPO 公司总部和承销商律师事务所的地理位置信息导入微软公司的 Bing Map 软件得出上述两组地址对应的经纬度，并按照以下公式计算 IPO 公司与承销商之间的地理距离：

$$Dis=ACOS[COS(RADIANS(90-Lat1))]\times COS[RADIANS(90-Lat2)]+SIN[RADIANS(90-Lat1)]\times SIN[RADIANS(90-Lat2)]\times COS[RADIANS(Lat1-Lat2)]\times 3963 \tag{5-2}$$

其中，$Lat1$、$Long1$ 分别代表 IPO 公司总部所在地对应的经纬度；$Lat2$、$Long2$ 分别代表承销商律师事务所所在地对应的经纬度。为确保地理距离度量的准确性，进一步参照 Seasholes 和 Zhu（2010）研究中提供的方法重新计算 IPO 公司与承销商之间的地理距离。具体而言，首先，从 COMPUSTAT 数据库和 S-1 文件中分别收集 IPO 公司总部所在地和承销商律师事务所所在地的邮编信息；其次，根据《美国人口普查局的城市州档案》中的地址信息对上述两组邮编进行经纬度匹配，并将匹配得到的经纬度信息与之前通过 Bing Map 软件计算得到的经纬度数据进行核对；最后，根据式（5-2）重新计算承销商与 IPO 公司之间的地理距离。此外，本章进一步随机选取了部分 IPO 公司与承销商律师事务所的邮编样本，通过 Jay R. Ritter 教授的网站（www. gpsvisualizer.com）直接计算两组邮编地址之间的最短球面距离。以上三种计算方法得到的地理距离结果相似。

根据已有研究（Loughran and Ritter, 2004; Hanley and Hoberg, 2009; Jeon et al., 2015），在主回归模型（5-1）中加入以下公司层面和行业层面的主要变量，控制其他可能影响承销商 IPO 定价效率的因素：①公司年龄（Age），即 IPO

公司上市时的年龄；②IPO 规模（*Size*），即 IPO 公司的募集资金总额；③IPO 公司总资产（*Asset*），即上市当年 IPO 公司的总资产；④高科技公司（*Hi_tech*），即 IPO 公司是否属于高科技行业；⑤投资者情绪（*Invsen*），即上市前 30 天 IPO 公司所在证券交易所的 IPO 平均抑价水平；⑥市场回报（*Ret_mkt*），即上市当天 IPO 公司所在证券交易所的平均股票投资回报率；⑦承销费用（*Fee*），即承销商的 IPO 总承销收入；⑧主承销商声誉（*Rank*），即 IPO 主承销商的 Carter-Manaster 排名；⑨风险投资（*VC*），即 IPO 公司上市时是否有风险投资持股；⑩审计师声誉（*Auditor*），即 IPO 公司上市时的审计师是否为"五大"或"四大"会计师事务所；⑪纽约证券交易所（*NYSE*），即 IPO 公司挂牌的证券交易所是否为纽约证券交易所。此外，为了控制仅随年份和行业而改变的其他可能影响承销商 IPO 定价效率的因素，在回归模型中加入了 IPO 公司的上市年份和公司所在行业的虚拟变量，主要变量的定义与说明如表 5-1 所示。

表 5-1　主要变量的定义及说明

变量名称	变量符号	变量的定义及说明
被解释变量		
初始发行价格区间	*Range*	（IPO 初始定价最高价格－IPO 初始定价最低价格）／ IPO 初始定价最低价格
初始定价效率	*Dif*	｜IPO 首日收盘价格－IPO 初始定价区间的中位数｜／IPO 初始定价区间的中位数
路演后的价格调整	*Revise*	｜IPO 发行价格－IPO 初始定价区间的中位数｜／IPO 初始定价区间的中位数
IPO 抑价	*IR*	（IPO 首日收盘价格－ IPO 发行价格）／ IPO 发行价格
解释变量		
地理距离	*Dis*	IPO 公司与承销商之间地理距离的自然对数
控制变量		
公司年龄	*Age*	IPO 公司年龄的自然对数
IPO 规模	*Size*	IPO 发行规模的自然对数
IPO 公司总资产	*Asset*	IPO 公司总资产的自然对数
投资者情绪	*Invsen*	上市前 30 天 IPO 公司所在证券交易所的平均抑价率
市场回报	*Ret_mkt*	上市当天 IPO 公司所在证券交易所的平均股票投资回报率

变量名称	变量符号	变量的定义及说明
承销费用	*Fee*	IPO 总承销费用/ IPO 发行总收入
主承销商声誉	*Rank*	IPO 公司上市前一年主承销商的最高 Carter-Manaster 排名,当排名为 8 和 9 时取值为 1,否则取值为 0
审计师声誉	*Auditor*	IPO 公司上市时的审计师为"五大"或"四大"时取值为 1,否则取值为 0
高科技行业	*Hi_tech*	IPO 公司所属行业为高科技行业时取值为 1,否则取值为 0
纽约证券交易所	*NYSE*	IPO 公司在纽约证券交易所挂牌时取值为 1,否则取值为 0
风险投资	*VC*	IPO 公司上市时有风险投资持股取值为 1,否则取值为 0

第四节 实证检验与结果分析

一、描述性统计

表 5-2 列示了模型(5-1)中主要变量的全样本描述性统计结果。其中,主要被解释变量,即承销商制定的 IPO 初始定价区间 *Range* 的均值为 0.360,表明初始发行价格的最大值比最小值平均高出约 36.0%;IPO 初始定价区间的中位数与首日收盘价格之差 *Dif* 的均值为 0.416,由此表明承销商制定的 IPO 初始发行价格与首日收盘价格之间的平均差异为 41.6%;IPO 最终的发行价格与初始定价区间的中位数之差 *Revise* 的均值为 0.143,说明承销商路演后对 IPO 初始发行价格的平均调整幅度约为 14.3%;IPO 抑价 *IR* 的平均值为 0.257,表明 IPO 上市当天的收盘价格比发行价格平均高出约 25.7%,*IR* 的 25%分位数为 0.018,表明样本公司存在系统性的抑价现象;代表承销商与 IPO 公司之间地理距离的连续变量 *Dis* 的均值为 3.921,标准差为 2.202,说明本章的主要解释变量 *Dis* 存在较大的差异;代表上述地理距离的虚拟变量 25_*miles* 的均值为 0.536,表

明样本中约有一半的 IPO 公司与承销商之间的地理距离在 25 英里之内；200_miles 的均值为 0.340，表明样本中约有 1/3 的 IPO 公司与承销商之间的地理距离超过 200 英里。

表 5-2　主要变量的描述性统计

变量	样本数	均值	标准差	最小值	25%分位数	50%分位数	75%分位数	最大值
Range	3287	0.360	0.287	0	0.154	0.30	0.50	1.600
Dif	3287	0.416	0.547	0	0.111	0.229	0.490	3.104
Revise	3287	0.143	0.133	0	0.059	0.125	0.176	0.889
IR	3287	0.257	0.441	-0.295	0.018	0.139	0.294	2.485
Dis	3287	3.921	2.202	0	2.299	3.399	5.886	7.850
25_miles	3287	0.536	0.499	0	0	1	1	1
50_miles	3287	0.414	0.493	0	0	0	1	1
100_miles	3287	0.385	0.487	0	0	0	1	1
200_miles	3287	0.340	0.474	0	0	0	1	1
Age	3287	2.192	0.813	0	1.609	2.197	2.639	4.564
Size	3287	3.989	0.974	1.609	3.428	4.007	4.585	6.685
Asset	3287	4.542	1.309	1.549	3.700	4.411	5.260	8.406
Invsen	3287	0.248	0.422	-0.274	0.021	0.141	0.283	2.433
Fee	3287	0.057	0.016	0.005	0.050	0.060	0.070	0.096
Ret_mkt	3287	0.009	0.040	-0.103	-0.018	0.013	0.036	0.090
Hi_tech	3287	0.195	0.397	0	0	0	0	1
Rank	3287	0.643	0.479	0	0	1	1	1
VC	3287	0.366	0.482	0	0	0	1	1
Auditor	3287	0.828	0.377	0	1	1	1	1
NYSE	3287	0.408	0.492	0	0	0	1	1

控制变量 *Rank* 的均值为 0.643，表明本章研究中超过 60%的样本 IPO 公司由声誉较高的主承销商承销上市；*Hi_tech* 的均值为 0.195，表明样本中约有 20% 的 IPO 公司属于高科技行业；*VC* 的均值为 0.366，表明约有 1/3 的 IPO 公司上市

时有风险投资的支持；*NYSE* 的均值为 0.408，表明样本中约有 40% 的 IPO 公司在纽约证券交易所上市；*Auditor* 的均值为 0.828，表明 80% 以上的样本 IPO 公司上市的审计师为"五大"或"四大"会计师事务所；*Age*、*Size* 和 *Asset* 三个控制变量的标准差分别为 0.813、0.974 和 1.309，说明 IPO 公司上市时的年龄、筹资规模和总资产均存在较大差异；*Invsen* 的均值为 0.248，说明样本公司上市前 30天其发行市场的 IPO 平均抑价率约为 24.8%；*Fee* 的均值为 0.057，说明样本 IPO公司的总承销费用约占 IPO 公司发行总收入的 5.7%。

二、相关性分析

对模型（5-1）中的主要变量进行相关性分析，表 5-3 的结果显示各主要变量之间不存在多重共线性问题，说明本章研究的变量选取较为合理。相关关系的结果显示 *Dis* 与 *Range*、*Dif*、*Revise* 和 *IR* 四个代表承销商 IPO 定价效率的主要被解释变量之间的 Pearson 相关系数均显著为正，说明承销商与 IPO 公司之间的地理距离越近，IPO 定价效率越高。

三、基本回归分析

为了检验假设 5-1 和假设 5-2，对模型（5-1）进行回归分析，结果如表 5-4所示。其中，*Dis* 与 *Range* 和 *Dif* 之间的回归系数分别在 1% 和 5% 水平下显著为正，说明承销商与 IPO 公司之间的地理距离越近，其路演询价之前制定的 IPO 初始价格区间越小，IPO 初始发行价格也越接近公司的内在价值；*Dis* 与 *Revise* 和*IR* 之间的回归系数分别在 5% 和 10% 水平下显著为正，从而说明承销商与 IPO 公司之间的地理距离越近，其路演后对 IPO 发行价格的调整幅度越小，IPO 抑价也越低。上述研究结果表明，路演询价之前"软信息"的有效收集能够显著提高承销商的 IPO 定价效率，降低承销商对路演询价中机构投资者私有信息的需求和依赖，假设 5-1 和假设 5-2 得以验证。

表 5-3　相关性分析

变量	Dif	Range	Revise	IR	Dis	Age	Size	Asset	Invsen	Fee	Hi_tech	Ret_mkt	Rank	VC	Auditor	NYSE
Dif	1.000															
Range	-0.042*	1.000														
Revise	0.371*	0.305*	1.000													
IR	0.891*	-0.213*	0.021	1.000												
Dis	0.045*	0.160*	0.059*	0.026*	1.000											
Age	-0.157*	-0.085*	-0.049*	-0.153*	-0.036*	1.000										
Size	0.047*	-0.111*	-0.257*	0.140*	-0.088*	0.107*	1.000									
Asset	0.031	-0.475*	-0.196*	0.101*	-0.082*	0.154*	0.119*	1.000								
Invsen	-0.014	0.002	0.002	-0.018	-0.014	0.050*	0.002	-0.003	1.000							
Fee	0.005	-0.007	-0.005	0.015	-0.032	-0.008	-0.016	-0.029	0.029	1.000						
Hi_tech	-0.048*	0.037*	0.017	-0.053*	0.026	0.002	-0.082*	-0.025	0.030	0.004	1.000					
Ret_mkt	0.009	0.014	0.027	-0.004	0.015	-0.010	-0.002	-0.009	-0.050*	-0.008	-0.013	1.000				
Rank	-0.028	0.178*	-0.148*	0.046*	0.023	-0.071*	-0.370*	-0.399*	-0.020	0.043*	0.015	-0.005	1.000			
VC	-0.011	0.218*	-0.024	-0.019	0.030	-0.129*	-0.099*	-0.232*	0.012	-0.014	-0.037*	-0.007	0.141*	1.000		
Auditor	0.038*	-0.204*	-0.121*	0.097*	-0.019	-0.050*	0.273*	0.172*	0.009	0.041*	-0.026	0.021	0.006	0.046*	1.000	
NYSE	-0.094*	-0.116*	-0.080*	-0.085*	-0.027	0.118*	0.431*	0.302*	-0.029	0.004	-0.164*	-0.014	-0.162*	0.069*	0.015	1.000

注：Pearson 相关性检验；*、** 和 *** 分别代表相关系数在 10%、5% 和 1% 水平下显著。

表 5-4 地理距离与承销商 IPO 定价效率回归结果

变量	(1) Range	(2) Dif	(3) Revise	(4) IR
Dis	0.013***	0.010**	0.002**	0.006*
	(7.35)	(2.34)	(2.51)	(1.78)
Age	−0.010**	−0.068***	−0.002	−0.060***
	(−1.97)	(−5.46)	(−0.52)	(−6.22)
Size	−0.203***	0.002	−0.029***	0.075***
	(−28.27)	(0.10)	(−6.46)	(5.49)
Asset	−0.014***	0.036***	−0.006*	0.049***
	(−2.76)	(2.87)	(−1.91)	(5.04)
Invsen	−0.000	0.002	−0.002	0.004
	(−0.02)	(0.07)	(−0.36)	(0.26)
Fee	−0.200	0.384	0.018	0.482
	(−0.87)	(0.68)	(0.14)	(1.11)
Hi_tech	0.001	−0.028	0.002	−0.024
	(0.12)	(−1.19)	(0.42)	(−1.32)
Rank	−0.047***	−0.045*	−0.060***	0.094***
	(−4.85)	(−1.93)	(−11.01)	(5.07)
VC	0.110***	−0.126***	−0.021***	−0.122***
	(11.53)	(−5.45)	(−3.79)	(−6.81)
Auditor	−0.011	−0.056**	−0.001	−0.038*
	(−1.01)	(−2.07)	(−0.11)	(−1.84)
NYSE	−0.010	−0.073**	−0.016*	−0.043
	(−0.63)	(−1.97)	(−1.90)	(−1.48)
Range			0.090***	
			(8.85)	
Ret_mkt				−0.090
				(−0.51)
Revise				0.410***
				(6.83)
截距	1.068***	0.387	0.238***	−0.171
	(7.04)	(1.05)	(2.77)	(−0.60)

续表

变量	(1) *Range*	(2) *Dif*	(3) *Revise*	(4) *IR*
年度固定效应	Yes	Yes	Yes	Yes
行业固定效应	Yes	Yes	Yes	Yes
样本数	3287	3287	3287	3287
调整后的 R^2	0.174	0.148	0.229	0.217

注：*、**和***分别代表回归系数在10%、5%和1%水平下显著，括号内为 t 统计量。

四、稳健性检验

为了确保上述研究结论的可靠性，对本章的主要回归分析进行如下稳健性检验：

1. 主要解释变量的工具变量

本章主要选取 IPO 公司与承销商之间的地理距离 *Dis* 作为承销商"软信息"收集成本的代理变量对模型（5-1）进行回归分析，验证假设 5-1 和假设 5-2。上述研究设计存在的主要问题是，某些无法观测到的变量可能导致 *Dis* 与假设 5-1 中的 *Range* 和 *Dif* 以及假设 5-2 中的 *Revise* 和 *IR* 之间存在内生性的关系，从而使本章主回归得到的 *Dis* 系数出现严重的偏误。例如在 IPO 公司成立之初，公司的创始人可能为了方便公司日后上市融资，降低公司的 IPO 发行成本，内生性地选择将公司的总部设立在离商业银行或投资银行地理距离较近的地方。此外，商业银行和投资银行可能根据自身的业务发展需求选择在某些创业公司集中的地方设立分支机构，以便更加高效地为此类公司提供证券承销和融资服务。为了解决上述可能存在的内生性问题，以下构造 *Dis* 的工具变量，通过使用 Heckman（1979）提出的两阶段最小二乘法模型（Two Stage Least Square，2SLS）重新检验假设 5-1 和假设 5-2。

根据计量经济学的基本理论（Wooldridge，2002），合理的工具变量必须满足以下两个条件：第一，工具变量必须与计量模型中的内生变量显著相关，即工具变量的有效性原则；第二，选定的工具变量不能与 2SLS 模型中的残差相关，即工具变量需要进一步满足排他性的要求。按照上述条件，本章参照 Tian（2011）的研究设计，选择上市当年 IPO 承销商与 IPO 公司所在行业市值最大的上市公司之间的地理距离 *IV_Dis* 作为 IPO 公司与承销商之间的地理距离 *Dis* 的工具变量。构造上述工具变量的内在机理有以下两点：第一，对于 IPO 公司的创始人及风险投资、私募基金等主要投资者而言，IPO 一旦发行失败，公司被收购是上述原始股东实现自身投资收益最大化的最优选择。大型上市公司通常资金充沛、业务较为多元化，因此被此类公司收购能够极大地提高 IPO 公司业务延续生存的概率以及 IPO 公司主要投资者的投资收益。考虑到上述因素，IPO 公司的创始人在最初创立公司时可能会选择将公司的总部设立在距离同行业市值最大的上市公司较近的地方。对于商业银行和投资银行来说，IPO 一旦发行失败，与 IPO 公司行业内的大型上市公司之间较为紧密的业务联系有助于提高 IPO 公司被此类上市公司成功收购的概率，从而能够降低 IPO 发行失败给承销商带来的经济和声誉损失。鉴于此，投资银行和商业银行可能会选择在距离大型上市公司较近的地方设立证券承销业务的分支机构。鉴于上述原因，选择 *IV_Dis* 作为 *Dis* 的工具变量满足合理性的要求。第二，承销商的 IPO 定价决策与 *IV_Dis* 不存在理论逻辑上的相关关系，因此这一工具变量也满足排他性的要求。*IV_Dis* 的具体计算过程如下：首先，根据 CRSP 与 COMPUSTAT 合并数据库中提供的上市公司年末市值信息，收集每家 IPO 公司上市当年按照三位 SIC 分类的行业内市值最大的上市公司总部所在地的邮编信息；其次，使用 Bing Map 软件计算上述邮编对应的经纬度；最后，利用式（5-2）计算 *IV_Dis*。

采用 2SLS 进行稳健性检验的结果如表 5-5 所示，其中，*IV_Dis* 第一阶段的回归系数在 1% 水平下显著为正，表示选择的工具变量较为合理。*Dis* 与 *Range*、*Dif*、*Revise* 和 *IR* 四个代表承销商 IPO 定价效率的主要被解释变量的回归系数均显著为正，说明本章的主要研究结论较为稳健。

表5-5 稳健性检验结果（地理距离的工具变量）

变量	(1) First_stage	(2) Range	(3) Dif	(4) Revise	(5) IR
IV_Dis	0.134*** (4.55)				
Dis		0.079*** (5.84)	0.059*** (3.16)	0.017*** (3.25)	0.024* (1.70)
Age	-0.016 (-0.30)	-0.012** (-2.10)	-0.074*** (-4.97)	-0.002 (-0.62)	-0.062*** (-6.25)
Size	-0.184** (-2.44)	-0.213*** (-23.63)	-0.029 (-1.25)	-0.028*** (-6.11)	0.065*** (4.28)
Asset	-0.066 (-1.20)	-0.018*** (-3.03)	0.025 (1.63)	-0.006** (-2.11)	0.045*** (4.38)
Invsen	-0.076 (-0.80)	-0.004 (-0.38)	-0.010 (-0.37)	-0.003 (-0.53)	0.000 (0.01)
Fee	-3.949 (-1.63)	-0.410 (-1.52)	-0.262 (-0.37)	-0.029 (-0.22)	0.226 (0.48)
Hi_tech	0.134 (1.29)	0.008 (0.75)	-0.006 (-0.20)	0.004 (0.72)	-0.015 (-0.78)
Rank	-0.120 (-1.18)	-0.054*** (-4.89)	-0.068** (-2.35)	-0.061*** (-11.21)	0.088*** (4.57)
VC	-0.032 (-0.32)	0.109*** (10.35)	-0.130*** (-4.77)	-0.023*** (-4.01)	-0.123*** (-6.71)
Auditor	-0.035 (-0.30)	-0.013 (-1.08)	-0.062* (-1.95)	-0.001 (-0.16)	-0.041* (-1.92)
NYSE	0.268* (1.66)	0.004 (0.24)	-0.030 (-0.65)	-0.013 (-1.43)	-0.025 (-0.78)
Range				0.108*** (5.95)	
Ret_mkt					-0.039 (-0.21)
Revise					0.460*** (6.72)

续表

变量	(1) First_stage	(2) Range	(3) Dif	(4) Revise	(5) IR
截距	4.432***	1.342***	1.231**	0.284***	0.148
	(2.76)	(6.56)	(2.31)	(3.04)	(0.42)
年度固定效应	Yes	Yes	Yes	Yes	Yes
行业固定效应	Yes	Yes	Yes	Yes	Yes
样本数	3287	3287	3287	3287	3287
调整后的 R^2	0.011	0.310	0.143	0.185	0.112

注: *、** 和 *** 分别代表回归系数在 10%、5% 和 1% 水平下显著, 括号内为 t 统计量。

2. 主要解释变量的替代变量

本章选取连续变量 *Dis* 作为研究的主要解释变量。在以下的稳健性检验中, 参照 Butler 和 Goktan (2013) 的研究设计, 构造 25 英里、50 英里、100 英里和 200 英里四个虚拟变量区分短途驾驶距离和长途飞行距离, 进一步对假设 5-1 和假设 5-2 进行实证检验, 虚拟变量的定义如表 5-6 所示。

表 5-6 虚拟变量的定义及说明

变量名称	变量符号	变量的定义及说明
25 英里	25_miles	承销商与 IPO 公司之间的地理距离大于或等于 25 英里时取值为 1, 否则取值为 0
50 英里	50_miles	承销商与 IPO 公司之间的地理距离大于或等于 50 英里时取值为 1, 否则取值为 0
100 英里	100_miles	承销商与 IPO 公司之间的地理距离大于或等于 100 英里时取值为 1, 否则取值为 0
200 英里	200_miles	承销商与 IPO 公司之间的地理距离大于或等于 200 英里时取值为 1, 否则取值为 0

稳健性检验的结果如表 5-7 至表 5-10 所示, 其中, 代表承销商与 IPO 公司之间地理距离的虚拟变量 25_miles、50_miles、100_miles 和 200_miles 与 Range、Dif、Revise 和 IR 四个被解释变量的回归系数均显著为正, 进一步说明本章的主要研究结论较为稳健。

表 5-7 稳健性检验结果（虚拟变量与 Range 回归）

变量	(1) Range	(2) Range	(3) Range	(4) Range
25_miles	0.047*** (6.24)			
50_miles		0.060*** (7.86)		
100_miles			0.062*** (8.00)	
200_miles				0.050*** (6.27)
Age	−0.010** (−2.03)	−0.010* (−1.87)	−0.010* (−1.90)	−0.010* (−1.95)
Size	−0.202*** (−28.17)	−0.202*** (−28.30)	−0.202*** (−28.28)	−0.203*** (−28.29)
Asset	−0.015*** (−2.84)	−0.014*** (−2.75)	−0.015*** (−2.78)	−0.015*** (−2.80)
Invsen	−0.002 (−0.19)	−0.000 (−0.02)	0.000 (0.02)	−0.001 (−0.06)
Fee	−0.194 (−0.84)	−0.186 (−0.81)	−0.208 (−0.90)	−0.231 (−1.00)
Hi_tech	0.002 (0.16)	0.002 (0.18)	0.002 (0.21)	0.003 (0.28)
Rank	−0.048*** (−4.97)	−0.047*** (−4.86)	−0.047*** (−4.86)	−0.048*** (−4.94)
VC	0.110*** (11.48)	0.109*** (11.41)	0.109*** (11.45)	0.110*** (11.45)
Auditor	−0.011 (−0.95)	−0.011 (−1.01)	−0.011 (−0.96)	−0.011 (−1.02)
NYSE	−0.008 (−0.50)	−0.010 (−0.66)	−0.011 (−0.71)	−0.010 (−0.62)
截距	1.093*** (7.19)	1.077*** (7.11)	1.078*** (7.12)	1.117*** (7.36)

续表

变量	(1) Range	(2) Range	(3) Range	(4) Range
年度固定效应	Yes	Yes	Yes	Yes
行业固定效应	Yes	Yes	Yes	Yes
样本数	3287	3287	3287	3287
调整后的 R²	0.172	0.175	0.176	0.172

注: *、**和***分别代表回归系数在10%、5%和1%水平下显著,括号内为 t 统计量。

表5-8 稳健性检验结果(虚拟变量与 Dif 回归)

变量	(1) Dif	(2) Dif	(3) Dif	(4) Dif
25_miles	0.052*** (2.85)			
50_miles		0.057*** (3.04)		
100_miles			0.052*** (2.74)	
200_miles				0.023* (1.83)
Age	-0.068*** (-5.48)	-0.067*** (-5.41)	-0.068*** (-5.43)	-0.068*** (-5.46)
Size	0.003 (0.16)	0.002 (0.13)	0.002 (0.12)	0.001 (0.05)
Asset	0.036*** (2.86)	0.037*** (2.89)	0.036*** (2.87)	0.036*** (2.84)
Invsen	0.000 (0.01)	0.002 (0.08)	0.002 (0.09)	0.001 (0.05)
Fee	0.407 (0.73)	0.405 (0.72)	0.381 (0.68)	0.354 (0.63)
Hi_tech	-0.029 (-1.19)	-0.028 (-1.18)	-0.028 (-1.16)	-0.027 (-1.13)

续表

变量	(1) Dif	(2) Dif	(3) Dif	(4) Dif
Rank	−0.046**	−0.045*	−0.045*	−0.046**
	(−1.96)	(−1.92)	(−1.93)	(−1.97)
VC	−0.127***	−0.128***	−0.127***	−0.127***
	(−5.46)	(−5.50)	(−5.48)	(−5.46)
Auditor	−0.055**	−0.056**	−0.055**	−0.056**
	(−2.04)	(−2.07)	(−2.05)	(−2.08)
NYSE	−0.072*	−0.074**	−0.075**	−0.072*
	(−1.94)	(−1.99)	(−2.00)	(−1.94)
截距	0.392	0.384	0.390	0.430
	(1.06)	(1.04)	(1.06)	(1.17)
年度固定效应	Yes	Yes	Yes	Yes
行业固定效应	Yes	Yes	Yes	Yes
样本数	3287	3287	3287	3287
调整后的 R^2	0.149	0.149	0.149	0.147

注：*、**和***分别代表回归系数在10%、5%和1%水平下显著，括号内为 t 统计量。

表 5-9　稳健性检验结果（虚拟变量与 Revise 回归）

变量	(1) Revise	(2) Revise	(3) Revise	(4) Revise
25_miles	0.011***			
	(2.59)			
50_miles		0.012***		
		(2.71)		
100_miles			0.016***	
			(2.96)	
200_miles				0.008*
				(1.85)
Age	−0.002	−0.001	−0.001	−0.002
	(−0.53)	(−0.51)	(−0.51)	(−0.52)

续表

变量	（1）Revise	（2）Revise	（3）Revise	（4）Revise
Size	-0.029***	-0.029***	-0.029***	-0.029***
	(-6.45)	(-6.47)	(-6.48)	(-6.45)
Asset	-0.006*	-0.006*	-0.006*	-0.006*
	(-1.91)	(-1.91)	(-1.91)	(-1.92)
Invsen	-0.002	-0.002	-0.002	-0.002
	(-0.41)	(-0.36)	(-0.35)	(-0.37)
Fee	0.026	0.019	0.018	0.014
	(0.20)	(0.14)	(0.14)	(0.11)
Hi_tech	0.002	0.002	0.002	0.002
	(0.40)	(0.44)	(0.44)	(0.45)
Rank	-0.060***	-0.060***	-0.060***	-0.060***
	(-11.04)	(-11.01)	(-11.01)	(-11.02)
VC	-0.021***	-0.021***	-0.021***	-0.021***
	(-3.76)	(-3.80)	(-3.79)	(-3.81)
Auditor	-0.001	-0.001	-0.001	-0.001
	(-0.08)	(-0.11)	(-0.10)	(-0.12)
NYSE	-0.016*	-0.016*	-0.017*	-0.016*
	(-1.90)	(-1.90)	(-1.92)	(-1.88)
Range	0.089***	0.090***	0.090***	0.091***
	(8.74)	(8.83)	(8.77)	(8.96)
截距	0.235***	0.239***	0.238***	0.241***
	(2.74)	(2.78)	(2.78)	(2.82)
年度固定效应	Yes	Yes	Yes	Yes
行业固定效应	Yes	Yes	Yes	Yes
样本数	3287	3287	3287	3287
调整后的 R^2	0.231	0.230	0.230	0.229

注：*、**和***分别代表回归系数在10%、5%和1%水平下显著，括号内为t统计量。

表 5-10　稳健性检验结果（虚拟变量与 IR 回归）

变量	(1) IR	(2) IR	(3) IR	(4) IR
25_miles	0.026* (1.86)			
50_miles		0.035** (2.49)		
100_miles			0.027* (1.88)	
200_miles				0.031** (2.19)
Age	−0.060*** (−6.23)	−0.059*** (−6.19)	−0.060*** (−6.21)	−0.060*** (−6.22)
Size	0.075*** (5.49)	0.076*** (5.51)	0.075*** (5.48)	0.075*** (5.47)
Asset	0.049*** (5.03)	0.050*** (5.06)	0.049*** (5.04)	0.049*** (5.03)
Invsen	0.004 (0.22)	0.004 (0.26)	0.004 (0.26)	0.004 (0.25)
Fee	0.487 (1.12)	0.496 (1.15)	0.478 (1.10)	0.469 (1.08)
Hi_tech	−0.024 (−1.31)	−0.024 (−1.31)	−0.024 (−1.30)	−0.024 (−1.28)
Rank	0.093*** (5.04)	0.094*** (5.07)	0.094*** (5.06)	0.094*** (5.05)
VC	−0.122*** (−6.81)	−0.123*** (−6.84)	−0.122*** (−6.83)	−0.122*** (−6.81)
Auditor	−0.038* (−1.83)	−0.038* (−1.84)	−0.038* (−1.83)	−0.038* (−1.85)
NYSE	−0.042 (−1.46)	−0.043 (−1.50)	−0.043 (−1.49)	−0.042 (−1.47)
Ret_mkt	−0.091 (−0.52)	−0.096 (−0.55)	−0.091 (−0.52)	−0.089 (−0.50)

续表

变量	(1)	(2)	(3)	(4)
	IR	IR	IR	IR
Revise	0.408***	0.408***	0.409***	0.412***
	(6.79)	(6.80)	(6.81)	(6.86)
截距	−0.163	−0.174	−0.165	−0.152
	(−0.57)	(−0.61)	(−0.58)	(−0.53)
年度固定效应	Yes	Yes	Yes	Yes
行业固定效应	Yes	Yes	Yes	Yes
样本数	3287	3287	3287	3287
调整后的 R^2	0.217	0.218	0.217	0.217

注：*、**和***分别代表回归系数在10%、5%和1%水平下显著，括号内为 t 统计量。

五、进一步分析

本章的主要研究结果显示 IPO 公司内部"软信息"的有效收集能够显著提高承销商的 IPO 定价效率。由于承销商在制定 IPO 发行价格时必须综合考虑 IPO 定价信息的收集成本和 IPO 公司内在价值的不确定性，因此本章下文将分别从上述两方面入手，进一步研究"软信息"收集与承销商 IPO 定价效率之间的关系。

1. 承销商的信息收集成本

根据本书理论基础部分的分析，承销商路演之前收集到的 IPO 定价信息不仅包括从 IPO 公司内部收集到的各类于定价有用的"硬信息"和"软信息"，还包括从 IPO 公司外部资本市场中收集到的定价信息。上述定价信息的真实可靠性、价值相关性以及收集和分析所需花费的成本大相径庭。IPO 承销服务是以盈利为目标的商业活动，因此为了尽可能高效地开展承销业务，承销商在制定 IPO 发行价格时希望以较低的成本和较高的时效性收集到更多高质量于 IPO 定价有用的信息，实现自身承销收益最大化。

本书第四章的研究结果显示，与其他信息相比，二级资本市场中的股价信息有着诸多不可替代的优势：首先，上市公司的股价中汇集了资本市场成千上万元投资者收集到的异质性私有信息，其信息含量更加综合全面。其次，与从 IPO 公司内部管理层和员工手中获取到的信息相比，IPO 公司外部资本市场中的股价信息相对客观。再次，股价信息反映了上市公司未来现金流的走向，此类前瞻性的信息具有较高的 IPO 定价参考价值。最后，股价信息作为一种公共品可以随时从二级资本市场中公开、免费地获取，其收集成本相对较低。鉴于上述原因，如果承销商在路演询价之前能够以较低的成本从二级资本市场的股价中收集到高质量于 IPO 定价有用的信息，那么便可以花费相对较少的时间、精力和成本从 IPO 公司内部收集各类于定价有用的"软信息"。根据上述分析，以下将样本 IPO 公司按照同行业已上市公司的股价信息含量高低分为两组子样本，检验"软信息"收集对承销商 IPO 定价效率的影响。

回归得到的结果如表 5-11 所示，其中，*Info* 为按照三位 SIC 分类的 IPO 公司同行业已上市公司股价信息含量，当 *Info* 排名总样本的前 20%时取值为 1，否则取值为 0。交称项 *Info×Dis* 与 *Range* 和 *Dif* 之间的回归系数分别在 1%水平下显著为负，说明当 IPO 公司同行业已上市公司的股价信息含量较高时，承销商在制定 IPO 初始发行价格区间时对来自 IPO 公司内部"软信息"的需求降低；*Info×Dis* 与 *Revise* 和 *IR* 之间的回归系数均在 5%水平下显著为负，说明当 IPO 公司同行业已上市公司二级资本市场中的股价信息含量较高时，承销商路演之前"软信息"的收集对路演后的价格调整和 IPO 抑价的影响降低。上述回归结果显示，来自 IPO 公司内部的"软信息"与 IPO 公司同行业已上市公司的股价信息在承销商的 IPO 定价决策中具有一定的替代关系。

表 5-11 进一步分析（承销商的信息收集成本）

变量	(1) *Range*	(2) *Dif*	(3) *Revise*	(4) *IR*
Info×Dis	-0.100^{***}	-0.071^{***}	-0.013^{**}	-0.037^{**}
	(-7.11)	(-3.68)	(-2.29)	(-2.48)
Dis	0.013^{***}	0.013^{***}	0.001	0.007^{**}
	(7.15)	(2.84)	(1.25)	(2.13)

续表

变量	（1） Range	（2） Dif	（3） Revise	（4） IR
Info	−0.002 （−0.41）	0.009 （0.95）	0.000 （0.15）	0.011 （1.57）
Age	−0.010 ** （−1.96）	−0.068 *** （−5.46）	−0.002 （−0.52）	−0.060 *** （−6.23）
Size	−0.203 *** （−28.29）	0.001 （0.05）	−0.029 *** （−6.48）	0.075 *** （5.44）
Asset	−0.014 *** （−2.75）	0.037 *** （2.90）	−0.006 * （−1.90）	0.050 *** （5.09）
Invsen	−0.000 （−0.01）	0.002 （0.08）	−0.002 （−0.36）	0.004 （0.26）
Fee	−0.191 （−0.83）	0.413 （0.74）	0.020 （0.16）	0.500 （1.16）
Hi_tech	0.001 （0.11）	−0.029 （−1.19）	0.002 （0.42）	−0.024 （−1.32）
Rank	−0.047 *** （−4.89）	−0.046 * （−1.96）	−0.060 *** （−11.01）	0.094 *** （5.06）
VC	0.110 *** （11.53）	−0.128 *** （−5.51）	−0.021 *** （−3.79）	−0.124 *** （−6.89）
Auditor	−0.011 （−0.96）	−0.055 ** （−2.05）	−0.001 （−0.10）	−0.039 * （−1.85）
NYSE	−0.009 （−0.60）	−0.072 * （−1.93）	−0.016 * （−1.88）	−0.042 （−1.46）
Range			0.090 *** （8.84）	
Ret_mkt				−0.094 （−0.53）
Revise				0.408 *** （6.80）
截距	1.078 *** （7.09）	0.383 （1.04）	0.238 *** （2.77）	−0.187 （−0.65）
年度固定效应	Yes	Yes	Yes	Yes

续表

变量	（1） Range	（2） Dif	（3） Revise	（4） IR
行业固定效应	Yes	Yes	Yes	Yes
样本数	3287	3287	3287	3287
调整后的 R²	0.174	0.149	0.229	0.218

注：*、**和***分别代表回归系数在 10%、5% 和 1% 水平下显著，括号内为 t 统计量。

2. IPO 公司内在价值的不确定性

与有形资产相比，无形资产较强的异质性决定了此类资产的公允价值较难客观、准确地进行核实和估算，因此无形资产占总资产比例较高的 IPO 公司内在价值的不确定性较大。此时为了更加准确地判定公司的风险和内在价值，承销商需要花费较多的时间和精力从 IPO 公司内部收集各类于定价有用的"软信息"。Audretsch 和 Feldman（1996）研究发现，无形资产未来现金流的实现在很大程度上取决于公司的人才储备、战略定位、业务模式等诸多难以量化评估的"软信息"。Uysal 等（2008）研究发现，当被收购公司的研发项目较多时，离被收购公司地理距离较近的本地收购公司"软信息"的收集优势更为重要。Butler 和 Goktan（2013）研究发现，无形资产占总资产比例较高的 IPO 公司信息不对称性较高，此类公司内部"软信息"的有效收集和传播对缓解资本市场的"逆向选择"问题具有重要的价值。综上所述，当 IPO 公司的无形资产占总资产比例较高时，IPO 公司内部"软信息"的有效收集对提高承销商的 IPO 定价效率更加重要。根据上述分析，以下将样本 IPO 公司按照无形资产占总资产比例高低分为两组，检验"软信息"收集对承销商 IPO 定价效率的影响。

回归结果如表 5-12 所示，其中，Risk 为 IPO 公司上市当年无形资产占总资产的比例，当这一比例排名总样本的前 20% 时取值为 1，否则取值为 0。交乘项 Risk×Dis 与 Range 和 Dif 之间的回归系数均在 1% 水平下显著为正，说明当无形资产占总资产比例较高时，承销商与 IPO 公司之间的地理距离对承销商制定 IPO 初始定价区间的影响更加重要；Dis×Risk 与 Revise 和 IR 之间的回归系数在 1% 水平下均显著为正，由此说明当 IPO 公司内在价值的不确定性较高时，尽职调查阶段"软信息"的有效收集对承销商路演后的价格调整和 IPO 抑价的影响更大。综合上述回归结果，当无形资产占 IPO 公司总资产比例较高时，承销商在制定 IPO 发行价格时对 IPO 公司内部"软信息"的需求和依赖增强。

表 5-12 进一步分析（IPO 公司内在价值的不确定性）

变量	(1) Range	(2) Dif	(3) Revise	(4) IR
Risk×Dis	0.101***	0.073***	0.014***	0.038***
	(7.25)	(3.81)	(2.60)	(2.63)
Risk	0.050	−0.167	−0.042	−0.066
	(1.06)	(−1.46)	(−1.58)	(−0.74)
Dis	0.012***	0.011**	0.001	0.008**
	(6.29)	(2.40)	(0.61)	(2.15)
Age	−0.010*	−0.069***	−0.002	−0.061***
	(−1.90)	(−5.56)	(−0.57)	(−6.33)
Size	−0.201***	−0.004	−0.030***	0.071***
	(−27.93)	(−0.23)	(−6.56)	(5.14)
Asset	−0.017***	0.045***	−0.005	0.057***
	(−3.30)	(3.53)	(−1.59)	(5.76)
Invsen	−0.000	0.002	−0.002	0.005
	(−0.04)	(0.09)	(−0.34)	(0.28)
Fee	−0.202	0.387	0.017	0.488
	(−0.88)	(0.69)	(0.13)	(1.13)
Hi_tech	0.001	−0.029	0.002	−0.025
	(0.13)	(−1.21)	(0.44)	(−1.35)
Rank	−0.044***	−0.055**	−0.061***	0.086***
	(−4.50)	(−2.32)	(−11.13)	(4.62)
VC	0.109***	−0.124***	−0.021***	−0.120***
	(11.46)	(−5.36)	(−3.79)	(−6.70)
Auditor	−0.011	−0.057**	−0.001	−0.039*
	(−1.00)	(−2.11)	(−0.14)	(−1.87)

续表

变量	(1) *Range*	(2) *Dif*	(3) *Revise*	(4) *IR*
NYSE	-0.011 (-0.70)	-0.071* (-1.90)	-0.016* (-1.89)	-0.040 (-1.38)
Range			0.091*** (8.92)	
Ret_mkt				-0.060 (-0.34)
Revise				0.406*** (6.80)
截距	1.075*** (7.10)	0.369 (1.00)	0.237*** (2.77)	-0.193 (-0.68)
年度固定效应	Yes	Yes	Yes	Yes
行业固定效应	Yes	Yes	Yes	Yes
样本数	3287	3287	3287	3287
调整后的 R^2	0.176	0.152	0.230	0.223

注：*、**和***分别代表回归系数在10%、5%和1%水平下显著，括号内为t统计量。

第五节　本章小结

　　在现代商业环境中，信息的高效收集和分析对资本市场参与者的经济决策和实体经济中资源的有效配置至关重要。商业银行需要收集贷款客户的信用信息，来降低客户债务违约的风险和银行的经济损失，保障储户资产的安全；风险投资需要收集被投资企业的财务和业务信息评估企业的投资风险和投资价值，确保实现风投合伙人的投资收益最大化；收购企业需要收集被收购企业的运营信息评估收购后的协同效应，为股东创造更高的价值。虽然电子通信技术和人工智能近几十年来的迅速发展大幅降低了资本市场参与者收集、传播和分析各类"硬信息"的成本，但"软信息"的诸多固有特征决定了此类信息的有效收集和传播依然严重依赖于信息需求者和信息所有者之间长期、紧密的直接接触和沟通。上述因素决定了信息需求者与信息源之间的地理距离越远，其"软信息"的收集成本越高。鉴于此，本章以 IPO 公司与承销商之间的地理距离作为承销商"软信息"收集成本的代理变量，重点研究了 IPO 尽职调查阶段"软信息"的有效收集对承销商 IPO 定价效率的影响。

本章的主要研究结果显示承销商离 IPO 公司地理距离越近，其路演询价之前能够以相对较低的成本从 IPO 公司内部收集到更多于定价有用的"软信息"。上述"软信息"收集的优势显著地降低了承销商对 IPO 公司内在价值的不确定性以及对路演询价中机构投资者私有信息的需求，提高了新股的定价效率。此外，本章进一步研究发现，当 IPO 公司同行业已上市公司的股价信息含量较高时，承销商对 IPO 公司内部"软信息"的需求降低，由此说明二级资本市场中高质量的股价信息能够有效减轻"软信息"收集不足对承销商 IPO 定价效率的负面影响。最后，本章研究发现当 IPO 公司的无形资产占总资产比例较高时，承销商需要花费更多的时间与精力从 IPO 公司内部挖掘各类于定价有用的"软信息"。总结上述研究发现来看，簿记制定价下的 IPO 承销商在制定 IPO 发行价格时能够综合权衡二级资本市场中的股价信息、IPO 公司内部的"软信息"和机构投资者申购报价信息的 IPO 价值相关性以及上述信息的收集成本。

根据本书理论分析部分对承销商 IPO 定价决策重要性和复杂性的论述，承销商的 IPO 定价效率不仅取决于 IPO 定价信息的质量和数量，还取决于承销商自身的信息收集和分析能力，因此在第四章和本章研究的基础上，第六章将进一步实证分析不同的承销模式与承销商 IPO 定价效率之间的关系。

第六章　联合承销模式与承销商 IPO 定价效率

第一节　引言

　　美国资本市场中的证券联合承销业务最早可以追溯到 1870 年宾夕法尼亚铁路公司的债券发行，随后大多数企业和政府在发行债券时均采用了联合承销的方式。与之相比，联合承销模式直到 1995 年才在美国的 IPO 资本市场中首次出现。对于承销商来说，独立承销 IPO 业务有以下几点好处：首先，美国资本市场中的 IPO 承销费用通常为 IPO 筹资总额的 7% 左右，在独立承销商模式下，承销商无须和其他承销伙伴一起分享这笔承销收入，因此能够获取更高的 IPO 承销收益（Corwin and Schultz，2005）。其次，美国资本市场中的承销商声誉排名直接取决于承销商往年的 IPO 承销市场份额，因此独立承销有助于承销商提升自身的声誉排名（Hu and Ritter，2007）。再次，独立承销商在开展具体的 IPO 承销业务时无须花费额外的时间和精力协调不同承销伙伴之间的工作，从而能够节约 IPO 承销成本，提高新股发行的效率（Jeon et al.，2015）。最后，在竞争激烈的美国 IPO 资本市场中，联合承销商之间的博弈关系会削弱承销商与 IPO 公司的谈判能力

（Jenkinson and Jones，2006）。

虽然 IPO 独立承销优势诸多，但美国资本市场中 2000 年后联合承销上市的 IPO 公司占比逐年增加，究其原因主要有以下几点：首先，1999 年美国国会通过《金融服务现代化法》，商业银行重新进入证券承销市场极大地加剧了 IPO 承销业务的市场竞争。其次，2000 年互联网泡沫破裂后，美国资本市场中平均每年申请上市的 IPO 公司数量从 310 家降至 99 家，IPO 联合承销的机会成本大幅降低（Ljungqvist et al.，2003；Doidge et al.，2013）。再次，与 2000 年前上市的 IPO 公司相比，2000 年后上市的 IPO 公司平均年龄和发行规模均显著增加，联合承销能够起到风险分担的作用。最后，为了降低承销商自身利益冲突引起的"道德风险"，2003 年 SEC 与高盛、摩根大通、花旗等美国最大的 10 家投资银行达成了《全球协议》（Global Settlement），禁止这些银行为 IPO 客户提供分析师服务，因此上述投资银行必须通过联合承销的方式获取此项服务。

鉴于美国 IPO 资本市场宏观环境出现的上述重大变化，相关研究领域的学者从风险分担、声誉机制、价值认证等多个不同的视角出发，深入探讨了联合承销模式存在的意义及其经济后果。Chen 和 Ritter（2000）研究发现就大规模的 IPO 业务而言，联合承销商之间高效的分工合作有助于降低每个承销商的 IPO 承销风险，提高 IPO 公司成功上市的概率。Song（2004）研究发现，投资银行和与 IPO 公司有借贷关系的商业银行联合承销能够更加可信地起到 IPO 公司价值认证的作用。Vithanage 等（2016）研究发现，与独立承销模式相比，联合承销模式有助于增加 IPO 公司的市场知名度，从而能够有效地降低外部投资者与 IPO 公司之间的信息不对称程度。从信息收集视角出发研究联合承销的文献多关注联合承销商在路演阶段的信息收集活动。相关研究发现与独立承销商相比，联合承销商拥有更加多元化的承销团队、更加优质的机构投资者客户和明星分析师，因而能够从参与路演询价的机构投资者中收集到更多 IPO 定价有用的信息（Corwin and Schultz，2005；Chemmanur and Krishnan，2012）。受到上述研究的启发，本章从 IPO 尽职调查阶段的信息收集入手，重点探讨了独立承销商和联合承销商的信息收集、分析和传播能力与 IPO 定价效率之间的关系。

本章可能存在的研究创新和研究贡献主要有以下几点：首先，现有研究联合承销的文献多从 IPO 公司与承销商之间的委托代理关系出发，探讨联合承销模式存在的意义（Hu and Ritter，2007；Pichler and Wilhelm，2001）。本章从承销商自身的 IPO 定价信息收集和分析能力出发，研究了不同的承销模式对承销商 IPO 定价效率的影响，从而进一步丰富了相关研究领域的成果。其次，目前研究独立承销模式和联合承销模式的文献多关注不同的承销模式对 IPO 抑价的影响（Jeon et al.，2015）。本章研究在考察 IPO 抑价的同时重点考察了不同的承销模式与承销商制定的 IPO 初始发行价格区间和路演后的价格调整之间的关系，从而有助于更加全面系统地理解独立承销商和联合承销商在 IPO 定价各个阶段扮演的角色。再次，本章研究发现与独立承销商相比，联合承销商在 IPO 尽职调查阶段虽然需要花费更多的时间和精力进行 IPO 业务的沟通与协调，但是联合承销模式的"信息规模经济效益"有助于承销商提高新股发行价格的合理性，从而进一步深化了对 IPO 联合承销优势和劣势的理解。最后，本章的研究结果显示与"非关系型联合承销商"相比，"关系型联合承销商"的 IPO 定价效率更高，从而为商业银行1999 年重新进入美国证券承销市场的经济后果提供了相关的经验证据。

第二节　理论分析与研究假设

在美国的 IPO 资本市场中，IPO 公司可以通过独立承销模式或联合承销模式上市。联合承销模式下的承销商从自身当前和长远的利益出发有动机诚信合作，通过充分的信息收集和分析提高 IPO 发行价格的合理性。首先，由于簿记制定价下 IPO 承销业务的总收入与 IPO 公司的融资总额成正比，因此每个联合承销商从自身经济利益最大化出发必须积极提高 IPO 定价效率，降低 IPO 抑价造成的经济损失（Benveniste et al.，1996）。其次，虽然联合承销商可能有动机彼此串通，通过制定高于 IPO 公司内在价值的发行价格提高自身的 IPO 承销收入，但长远看来，这种短期的投机行为不仅会严重损害每个承销商的 IPO 承销声誉，而且会降低承销商未来获得其他证券承销业务以及与高声誉承销商联合承销的机会（Sherman and Titman，2000）；此外，过高的 IPO 发行价格可能造成 IPO 发行失败或破发，此时每个联合承销商的 IPO 承销收入和承销声誉都将遭受巨大的损失。最后，如果 IPO 公司、SEC 或资本市场的投资者发现联合承销商在制定 IPO 发行价格时存在利己的投机行为，可能会对承销商提起法律诉讼，此时所有的联合承销商需要共同承担败诉的风险和相应的经济赔偿。

　　按照 SEC 的相关规定，簿记制定价下的 IPO 承销商在正式组织路演询价活动之前必须根据前期尽职调查收集到的信息制定合理的 IPO 发行价格区间。承销商在上述信息收集过程中面临的挑战主要来自以下三个方面：首先，IPO 公司成立时间相对较短、公司治理较不完善，因此可以被承销商用来参考定价的各类历史财务与业务信息较为有限。其次，以往研究发现 IPO 公司的管理层出于商业机密、未来的行业竞争优势和资金调配自由度的考虑，通常只会在 IPO 招股说明书中披露 SEC 最低限度要求的信息，并对 IPO 融资的具体用途进行较为模糊的说明（Wang and Yung，2011）。最后，尽管 IPO 公司上市前需要编制经过审计的财务报告，但是按照企业会计准则编制的财报信息仍然含有管理层大量的主观判断（Teoh et al.，1994；Ducharme et al.，2001）。鉴于上述原因，承销商在 IPO 尽职调查阶段一方面必须充分调动自身的人力、物力和财力资源，积极拓展 IPO 定价信息的收集渠道；另一方面必须不断提高自身的 IPO 价值分析和研究能力，更加高效、准确地综合分析各类于 IPO 定价有用的信息。

　　Hanley 和 Hoberg（2009）研究发现，与独立承销商相比，联合承销商不但拥有更加多元化的信息收集渠道，而且拥有数量更加充沛、证券承销知识和经验更加丰富的投资价值研究人员，从而能够更加准确地判定 IPO 公司的内在价值。Chung（2016）研究了联合承销模式与 IPO 公司信息披露之间的关系，结果发现联合承销商的数量越多，承销商在 IPO 尽职调查阶段的信息收集和分析能力越强，IPO 招股说明书的信息含量越高，招股说明书的可理解性也越强。综上所述，与独立承销商相比，联合承销商不仅能够在路演之前的尽职调查过程中收集到更加全面、丰富的 IPO 定价信息，而且能够对收集到的信息更加高效、合理地进行综合分析和评估，从而能够有效地降低自身对 IPO 公司内在价值的不确定性。根据上述理论分析，提出本章第一个研究假设：

假设 6-1：在其他条件不变的情况下，与独立承销商相比，联合承销商制定的 IPO 初始价格区间更小，IPO 初始发行价格也更接近公司的内在价值。

IPO 资本市场的投资者，尤其是投资经验较为丰富、定价研究能力较强的机构投资者在决定申购新股之前通常会投入大量的资源和精力收集有助于判定 IPO 公司投资价值的信息，并在此基础上确定合理的 IPO 申购数量和申购价格。簿记制下的 IPO 承销商主要通过路演询价的方式从上述机构投资者中收集对 IPO 定价有用的私有信息。与独立承销商相比，联合承销商在路演询价过程中的信息收集优势主要体现在以下两个方面：第一，在美国的 IPO 资本市场中，不同的 IPO 承销商服务的机构投资者客户群体不同。例如，高盛集团专注于为信托基金、养老金等非营利性机构投资者提供服务，而摩根大通则专注于服务保险公司、银行、证券公司等营利性机构投资者。因此与独立承销商相比，联合承销商能够吸引更加多元化的机构投资者客户。第二，美国资本市场中的 IPO 承销业务具有明显的地域性特征，承销商在自身 IPO 业务相对集中的地区通常已经培养起了较为成熟、完善的机构投资者客户关系网络。例如，瑞信证券的 IPO 承销业务多集中在美国东西海岸地区，而道明证券的 IPO 承销业务则更多地集中在美国中部地区。由于簿记制定价下的 IPO 路演询价活动通常途经美国多个州和地区，因此在联合承销模式下，承销商能够从来自不同地区的机构投资者中收集到更加全面的于 IPO 定价有用的私有信息。根据上述分析，提出本章第二个研究假设：

假设 6-2：在其他条件不变的情况下，与独立承销商相比，联合承销商路演后对 IPO 初始发行价格的调整幅度更大。

承销商作为一级资本市场中的重要中介机构具有 IPO 公司价值认证的作用，从而能够有效地降低外部资本市场的投资者对 IPO 公司投资价值的不确定性（Chemmanur 和 Fulghieri，1994；Corwin and Schultz，2005）。与独立承销商相比，联合承销商能够更好地发挥 IPO 价值认证的功能：首先，在联合承销模式下，当承销商由于 IPO 定价不当遭到起诉时，所有的联合承销商需要共同承担相应的法律责任；因此，承销商出于自身声誉和经济利益的考虑，不仅会在承接 IPO 业务之前仔细评估 IPO 公司的风险与其他联合承销伙伴的业务能力和承销声誉，在开展 IPO 承销业务的过程中也会互相督促和监督，确保所有的联合承销商都坚持高品质的承销服务标准。其次，根据前文的分析，与独立承销商相比，联合承销商在 IPO 尽职调查阶段和路演询价阶段均有着显著的信息收集和分析优势，从而能够更加有效地降低投资者与 IPO 公司之间的信息不对称程度。最后，与独立承销商相比，联合承销商拥有更加广泛的信息传播网络（Pichler and Wilhelm，2001），从而能够更加及时、全面地将于 IPO 定价有用的信息传递给外部资本市场的投资者，降低投资者的信息收集成本。综上所述，与独立承销模式相比，联合承销模式不但能够有效地降低承销商的各类"道德风险"和"搭便车"行为造成的 IPO 定价不当的概率，提高资本市场投资者的信心，而且能够通过降低投资者对 IPO 公司内在价值的不确定性减小"逆向选择"给 IPO 公司带来的经济损失。根据上述分析，提出本章第三个研究假设：

假设 6-3：在其他条件不变的情况下，与独立承销模式相比，联合承销商模式下的 IPO 抑价较低。

第三节　研究设计

一、样本选取与数据来源

本章选取 SDC 数据库中 1995～2018 年在美国资本市场上市的 IPO 公司作为研究样本，同时参照以往相关领域的研究文献和本章的具体研究内容做了以下数据筛选工作：①剔除美国存托凭证、单位发行、封闭式基金、房地产投资信托和发行价格低于 5 美元的 IPO 样本公司；②剔除金融与能源行业的 IPO 样本公司；

③剔除直接发行上市和以固定价格或拍卖方式发行的 IPO 样本公司；④剔除在 EDGAR 数据库中无法获得 IPO 注册声明的样本公司；⑤剔除其他主要研究数据缺失的 IPO 样本公司，最终得到 3392 个样本观测值。

本章研究中的 IPO 公司成立时间和主承销商声誉的数据来自 Jay R. Ritter 教授的网站（http：//bear. cba. ufl. edu/ritter/）；IPO 公司上市年度、IPO 发行数量和发行价格、风险投资和审计师的相关信息均来自 EDGAR 数据库；主承销商名称、IPO 总承销费用、IPO 发行价格区间和首日收盘价格的数据来自 SDC 数据库；IPO 公司所在行业及所有的财务数据来自 CRSP 和 COMPUSTAT 合并数据库。为了排除异常值的干扰，对主要连续变量在上下 1%处进行 Winsorize 处理。

二、研究模型与变量定义

为了检验不同的承销模式与承销商 IPO 定价效率之间的关系，本章设计如下模型对假设 6-1、假设 6-2 和假设 6-3 进行实证检验：

$$Y_i = a + b \times Syn_i + c \times Controls + \varepsilon \qquad (6-1)$$

其中，Y_i 分别代表假设 6-1 中的 $Range_i$ 和 Dif_i，假设 6-2 中的 $Revise_i$ 和假设 6-3 中的 IR_i，上述四个被解释变量共同描述了簿记制定价下承销商的 IPO 定价效率。

本章研究的主要解释变量是 IPO 承销模式 Syn_i，SDC 首次公开发行数据库提供了 IPO 公司所有承销商的名称以及每个承销商在 IPO 承销业务中担任的具体角色。根据 SDC 数据库中的相关信息，美国资本市场中的 IPO 承销商主要包括簿记管理人（Bookrunner）、联合簿记管理人（Joint Bookrunner）、联合主承销经理（Joint Lead Manager）、联合承销经理（Co-manager）、承销组织成员（Syndicate Member）和全球协调员（Global Coordinator）。其中，簿记管理人、联合簿记管理人和联合主承销经理主要负责 IPO 公司上市前的尽职调查、路演推介、新股询价和配售等活动。通常情况下，上述三类承销商各自负责销售的新股数量基本相同，因此其在 IPO 公司上市前的承销活动中投入的资源和精力也不相上下（Hu and Ritter，2007）。与之相比，联合承销团队中的联合承销经理和其他承销组织的成员则主要负责 IPO 公司上市后的股价预测、盈余分析等活动，此类承销商极少参与 IPO 公司正式挂牌上市前的承销活动。鉴于此，本章参照 Corwin 和 Stegemoller（2013）、Vithanage 等（2016）的研究设计，在主回归中将 SDC 数据库中的簿记管理人、联合簿记管理人和联合主承销经理定义为 IPO 主承销商，当 IPO 公司有一个以上的主承销商时，将公司定义为联合承销上市样本。

为了控制其他可能影响承销商 IPO 定价效率的因素，根据相关领域的研究成果（Benveniste et al.，2002；Hanley and Hoberg，2009；Chuluun，2014），在本章的主回归模型（6-1）中加入了以下公司层面和行业层面的变量：①IPO 公司年龄（Age），即 IPO 公司上市时的年龄；②IPO 规模（Size），即 IPO 筹资总额；③IPO 公司总资产（Asset），即上市当年 IPO 公司的总资产；④高科技行业（Hi_tech），即 IPO 公司所属行业是否为高科技行业；⑤投资者情绪（Invsen），即上市前 30 天 IPO 公司所在证交所的平均 IPO 抑价率；⑥市场回报率（Ret_mkt），即上市当天证券交易市场的平均股票投资回报率；⑦承销费用（Fee），即 IPO 总承销费用；⑧主承销商声誉（Rank），即 IPO 主承销商的 Carter-Manaster 排名；⑨风险投资（VC），即 IPO 公司上市时是否有风险投资的支持；⑩审计师声誉（Auditor），即 IPO 公司上市时的审计师是否为"五大"或"四大"会计师事务所；⑪纽约证券交易所（NYSE），即 IPO 公司挂牌的证券交易所是否为纽约证券交易所。为了控制仅随行业和年份而改变的其他可能影响承销商 IPO 定价效率的因素，在模型（6-1）中加入了 IPO 公司上市时所在行业及年份的虚拟变量，主要变量的定义和说明如表 6-1 所示。

表 6-1　主要变量的定义及说明

变量名称	变量符号	变量的定义及说明
被解释变量		
IPO 初始定价区间	Range	（IPO 初始最高定价价格-初始最低定价价格）/初始最低定价价格
初始定价效率	Dif	｜IPO 首日收盘价格-初始定价区间的中位数｜/初始定价区间的中位数
路演后的价格调整	Revise	｜IPO 发行价格-初始定价区间的中位数｜/初始定价区间的中位数
IPO 抑价	IR	（IPO 首日收盘价格-IPO 发行价格）/IPO 发行价格

续表

变量名称	变量符号	变量的定义及说明
解释变量		
联合承销	Syn	主承销数量大于 1 时取值为 1，否则取值为 0
控制变量		
公司年龄	Age	IPO 公司年龄的自然对数
IPO 规模	$Size$	IPO 发行规模的自然对数
IPO 公司总资产	$Asset$	IPO 公司总资产的自然对数
投资者情绪	$Invsen$	IPO 公司上市前 30 天证券交易市场的平均抑价率
市场回报	Ret_mkt	上市当天证券交易市场的平均股票投资回报率
承销费用	Fee	IPO 总承销费用/ IPO 发行总收入
主承销商声誉	$Rank$	IPO 公司上市前一年主承销商的最高 Carter-Manaster 排名为 8 和 9 时取值为 1，否则取值为 0
审计师声誉	$Auditor$	IPO 公司上市时的审计师为"五大"或"四大"会计师事务所时取值为 1，否则取值为 0
高科技行业	Hi_tech	IPO 公司所属行业为高科技行业时取值为 1，否则取值为 0
纽约证券交易所	$NYSE$	IPO 公司在纽约证券交易所挂牌时取值为 1，否则取值为 0
风险投资	VC	IPO 公司上市时有风险投资的支持取值为 1，否则取值为 0

第四节　实证检验与结果分析

一、描述性统计

表 6-2 列示了研究模型（6-1）中主要变量全样本的描述性统计结果。其中，$Range$ 的均值为 0.359，表明承销商路演之前制定的 IPO 最高价格比最低价格平均高出 35.9%；Dif 的均值为 0.415，表明 IPO 首日收盘价格与承销商制定的 IPO 初始发行价格之间的平均波动幅度约为 41.5%；$Revise$ 的均值为 0.145，说明承销商通过路演获得的信息对 IPO 初始发行价格进行调整的幅度约为

14.5%；*IR* 的均值为 0.253，表明样本 IPO 公司的首日平均回报率约为 25.3%，25%分位数为 0.021，表明样本中超过 75%的 IPO 公司上市首日的收盘价格超过其发行价格；本章研究的主要解释变量 *Syn* 的均值为 0.661，表明样本中约有 2/3 的 IPO 公司为联合承销上市。

表 6-2　主要变量的描述性统计

变量	样本数	均值	标准差	最小值	25%分位数	50%分位数	75%分位数	最大值
Range	3392	0.359	0.288	0	0.154	0.286	0.500	1.600
Dif	3392	0.415	0.545	0	0.111	0.232	0.486	3.111
Revise	3392	0.145	0.139	0	0.059	0.125	0.182	0.941
IR	3392	0.253	0.435	−0.295	0.021	0.143	0.285	2.485
Syn	3392	0.661	0.473	0	0	1	1	1
Age	3392	2.186	0.814	0	1.609	2.079	2.639	4.564
Size	3392	4.006	0.983	1.609	3.450	4.025	4.605	6.685
Asset	3392	4.519	1.306	1.549	3.666	4.363	5.238	8.406
Invsen	3392	0.252	0.429	−0.274	0.021	0.143	0.285	2.485
Ret_mkt	3392	0.009	0.040	−0.101	−0.018	0.013	0.036	0.090
Fee	3392	0.057	0.016	0.005	0.050	0.060	0.070	0.096
Hi_tech	3392	0.209	0.406	0	0	0	0	1
Rank	3392	0.623	0.485	0	0	1	1	1
VC	3392	0.371	0.483	0	0	0	1	1
Auditor	3392	0.825	0.380	0	1	1	1	1
NYSE	3392	0.427	0.495	0	0	0	1	1

主要控制变量中 *Rank* 的均值为 0.623，表明样本中 60%以上的 IPO 公司由声誉较高的主承销商承销上市；*Ret_mkt* 的均值为 0.009，表明 IPO 公司上市当天资本市场的平均股票回报率约为 0.9%；*Invsen* 的均值为 0.252，表明 IPO 公司上市前证券交易市场的平均抑价率约为 25.2%；*VC* 的均值为 0.371，表明 1/3 以上的样本 IPO 公司上市时有风险投资的支持；*NYSE* 的均值为 0.427，表明 42.7%的样本 IPO 公司在纽约证券交易所挂牌上市；*Auditor* 的均值为 0.825，表明

82.5%的样本公司由"五大"或"四大"会计师事务所担任其上市的审计师；$Size$、$Asset$ 和 Age 的标准差分别为 0.983、1.306 和 0.814，说明样本公司在 IPO 筹资规模、公司总资产和上市年龄方面存在较大的差异；Fee 的均值为 0.057，说明 IPO 公司支付的承销费用约占公司发行总收入的 5.7%。

二、相关性分析

对回归模型（6-1）中的主要变量进行相关性分析，表 6-3 的结果显示主要研究变量之间不存在多重共线性的问题，从而表明变量的选取较为合理。本章研究的主要解释变量 Syn 与 $Range$、Dif、和 IR 之间的 Pearson 相关系数显著为负，与 $Revise$ 之间的相关系数显著为正，上述结果符合本章主要研究假设的预期。

三、基本回归分析

为了检验假设 6-1、假设 6-2 和假设 6-3，对模型（6-1）进行回归分析，结果如表 6-4 所示，Syn 与 $Range$ 的回归系数为 -0.017 且在 5%水平下显著，说明与独立承销模式相比，联合承销商路演之前对 IPO 公司内在价值的不确定性较低，其制定的 IPO 发行价格区间较小；Syn 与 Dif 的回归系数在 10%水平下显著为负，说明与独立承销商相比，联合承销商路演之前收集和分析 IPO 定价信息的能力更强，其制定的 IPO 初始发行价格更接近公司的内在价值；Syn 与 $Revise$ 的回归系数在 1%水平下显著为正，说明与独立承销商相比，联合承销商能够通过路演询价从机构投资者中收集到更多于 IPO 定价有用的信息，其路演后对 IPO 初始发行价格的调整幅度较大；Syn 与 IR 的回归系数为 -0.009 且在 5%水平下显著，表明与独立承销模式相比，联合承销模式能够更好地起到 IPO 公司价值认证的作用，从而有效地降低了外部资本市场的投资者与 IPO 公司之间的信息不对称性，IPO 抑价相对较低。

表 6-3 相关性分析

变量	Dif	Range	Revise	IR	Syn	Age	Size	Asset	Inusen	Ret_mkt	Fee	Hi_tech	Rank	VC	Auditor	NYSE
Dif	1.000															
Range	-0.021	1.000														
Revise	0.386*	0.326*	1.000													
IR	0.882*	-0.207*	0.019	1.000												
Syn	-0.024*	-0.011*	0.029*	-0.004*	1.000											
Age	-0.154*	-0.083*	-0.052*	-0.149*	-0.027	1.000										
Size	0.033	-0.113*	-0.256*	0.131*	-0.033	0.105*	1.000									
Asset	0.031	-0.463*	-0.193*	0.104*	-0.042*	0.159*	0.182*	1.000								
Inusen	-0.016	-0.004	0.000	-0.018	0.001	0.044*	0.007	-0.006	1.000							
Ret_mkt	0.011	0.016	0.024	-0.003	0.011	-0.011	-0.003	-0.007	-0.047*	1.000						
Fee	0.008	-0.002	0.004	0.016	-0.005	-0.009	-0.019	-0.033	0.030	-0.005	1.000					
Hi_tech	-0.046*	0.034*	0.033	-0.060*	0.023	-0.003	-0.059*	-0.046*	0.031	-0.009	0.005	1.000				
Rank	-0.024	0.174*	-0.158*	0.056*	0.035*	-0.059*	-0.375*	-0.360*	-0.028	-0.000	0.041*	-0.029	1.000			
VC	-0.014	0.209*	-0.026	-0.021	-0.013	-0.136*	-0.093*	-0.235*	0.019	-0.009	-0.009	-0.032	0.121*	1.000		
Auditor	0.032	-0.208*	-0.133*	0.097*	-0.039*	-0.052*	0.274*	0.172*	0.014	0.022	0.043*	-0.044*	0.017	0.050*	1.000	
NYSE	-0.094*	-0.115*	-0.058*	-0.093*	0.003	0.105*	0.432*	0.271*	-0.020	-0.018	0.004	-0.116*	-0.202*	0.080*	0.005	1.000

注：Pearson 相关性检验；*、**和***分别代表相关系数在10%、5%和1%水平下显著。

表 6-4　不同的承销模式与承销商 IPO 定价效率回归结果

变量	(1) Range	(2) Dif	(3) Revise	(4) IR
Syn	-0.017 **	-0.032 *	0.029 ***	-0.009 **
	(-2.13)	(-1.71)	(3.16)	(-2.07)
Age	-0.009 *	-0.067 ***	-0.001	-0.059 ***
	(-1.68)	(-5.50)	(-0.37)	(-6.40)
Size	-0.203 ***	-0.010	-0.030 ***	0.071 ***
	(-29.10)	(-0.61)	(-6.55)	(5.44)
Asset	-0.017 ***	0.040 ***	-0.004	0.050 ***
	(-3.28)	(3.22)	(-1.38)	(5.28)
Invsen	-0.006	-0.001	-0.002	0.005
	(-0.67)	(-0.03)	(-0.48)	(0.31)
Fee	-0.224	0.420	0.071	0.480
	(-0.98)	(0.76)	(0.54)	(1.15)
Hi_tech	0.005	-0.021	0.003	-0.024
	(0.57)	(-0.92)	(0.53)	(-1.35)
Rank	-0.048 ***	-0.050 **	-0.062 ***	0.090 ***
	(-4.92)	(-2.17)	(-11.02)	(5.00)
VC	0.103 ***	-0.134 ***	-0.026 ***	-0.120 ***
	(10.78)	(-5.87)	(-4.73)	(-6.86)
Auditor	-0.014	-0.066 **	-0.004	-0.039 *
	(-1.25)	(-2.49)	(-0.58)	(-1.93)
NYSE	-0.007	-0.059	-0.013	-0.039
	(-0.45)	(-1.61)	(-1.47)	(-1.39)
Range			0.111 ***	
			(10.87)	
Ret_mkt				-0.072
				(-0.43)
Revise				0.389 ***
				(6.97)
截距	1.144 ***	0.499	0.244 ***	-0.133
	(7.46)	(1.36)	(2.76)	(-0.47)

续表

变量	(1) Range	(2) Dif	(3) Revise	(4) IR
年度固定效应	Yes	Yes	Yes	Yes
行业固定效应	Yes	Yes	Yes	Yes
样本数	3392	3392	3392	3392
调整后的 R^2	0.163	0.146	0.248	0.217

注：＊、＊＊和＊＊＊分别代表回归系数在10%、5%和1%水平下显著，括号内为 t 统计量。

四、稳健性检验

为了确保本章主要研究结论的可靠性，对上述回归分析进行如下稳健性检验：

1. 主要解释变量的工具变量

本章研究的主要回归结果显示，与独立承销商相比，联合承销商的 IPO 定价效率更高。考虑到某些无法观测到的变量可能导致本章研究的主要解释变量 *Syn* 与假设6-1中的 *Range* 与 *Dif*、假设6-2中的 *Revise* 以及假设6-3中的 *IR* 之间存在内生性关系，从而导致回归得到的 *Syn* 系数出现严重的偏误。例如，内在价值不确定性较低的 IPO 公司可能会吸引更多的 IPO 承销商前来竞标，从而使此类公司更容易通过联合承销模式上市。为了解决上述潜在的内生性问题，确保本章主要研究结论的稳健性，以下采用两阶段最小二乘法（2SLS）模型（Heckman，1979），通过构造 *Syn* 的工具变量重新检验本章的三个主要研究假设。

根据计量经济学的基本理论，2SLS 模型中的工具变量必须满足有效性和排他性两个基本的条件，即合理的工具变量必须与模型中的内生变量显著相关，但不能与模型的残差相关（Wooldridge，2002；Robert and Whited，2013）。按照上述要求，本章参照 Jeon 等（2015）的研究设计构造 IPO 公司的行业谈判能力（*IBP*）和市场谈判能力（*MBP*）两个变量作为 *Syn* 的工具变量。*IBP* 和 *MBP* 的具体计算方法如下：

$$IBP_{i,j} = (Syn\_IPO_j/Total\_IPO_j) \times (Size\_IPO_i/Ave\_IPO_j) \tag{6-2}$$

$$MBP_{i,t} = (Syn\_IPO_t/Total\_IPO_t) \times (Size\_IPO_i/Ave\_IPO_t) \tag{6-3}$$

式（6-2）中的 $IBP_{i,j}$ 为 IPO 公司上市当年按照三位标准行业代码分类的行业内联合承销上市的 IPO 公司占全部承销上市 IPO 公司的比例与 IPO 公司相对发行规模的乘积；其中，Syn_IPO_j 为行业内联合承销上市的 IPO 公司数量，$Total\_IPO_j$ 为行业内所有承销上市的 IPO 公司数量，$Size\_IPO_i$ 为 IPO 公司的发行总收入，Ave_IPO_j 为行业内所有 IPO 公司的平均发行总收入。式（6-3）中的 $MBP_{i,t}$ 为 IPO 公司向 SEC 提交 IPO 招股说明书前一个季度内联合承销上市的 IPO 公司占全部承销上市的 IPO 公司比例与 IPO 公司相对发行规模的乘积；其中，Syn_IPO_t 为一个季度内联合承销上市的 IPO 公司数量，$Total\_IPO_t$ 为一个季度内所有承销上市的 IPO 公司数量，Ave_IPO_t 代表所有 IPO 公司一个季度内的平均发行收入。构造以上两个工具变量的主要原因有以下两点：第一，IPO 公司在行业内和市场中的谈判能力显著影响着公司是否会通过联合承销模式上市；第二，通常情况下，发行规模较大的 IPO 公司承销风险相对较高，因此更容易通过联合承销的方式上市。综上所述，IBP 和 MBP 两个变量直接影响着 IPO 公司的承销模式，从而满足工具变量合理性的要求。此外，IBP 和 MBP 理论上只能通过影响 IPO 的承销模式影响承销商的 IPO 定价效率，因此也满足工具变量的排他性要求。

稳健性检验的回归结果如表 6-5 所示，其中，工具变量 IBP 和 MBP 第一阶段的回归系数均在 1% 水平下显著为正，从而表明工具变量的选取较为合理。Syn 与 $Range$ 的回归系数和 Dif 的回归系数分别在 10% 和 5% 水平下显著为负，说明与独立承销商相比，联合承销商制定的 IPO 价格区间更小，IPO 初始发行价格更接近公司的内在价值；Syn 与 $Revise$ 的回归系数在 10% 水平下显著为正，说明与独立承销商相比，联合承销商路演后对 IPO 发行价格的调整幅度较大；Syn 与 IR 的回归系数在 1% 水平下显著为负，说明与独立承销模式相比，联合承销模式能够更加有效地起到 IPO 公司价值认证的作用，IPO 抑价较低。上述回归结果与主回归结果一致，由此表明本章的主要研究结论较为稳健。

表 6-5 稳健性检验结果（承销模式的工具变量）

变量	(1) First_stage	(2) Range	(3) Dif	(4) Revise	(5) IR
MBP	0.645***				
	(3.42)				
IBP	0.749***				
	(4.46)				
Syn		−0.068*	−0.024**	0.073*	−0.093***
		(−1.66)	(−2.53)	(1.87)	(−3.12)
Age	0.001	−0.008*	−0.066***	−0.001	−0.058***
	(0.12)	(−1.71)	(−5.58)	(−0.45)	(−6.49)
Size	0.048***	−0.203***	−0.010	−0.030***	0.072***
	(3.01)	(−30.26)	(−0.62)	(−6.86)	(5.69)
Asset	−0.003	−0.017***	0.040***	−0.004	0.050***
	(−0.33)	(−3.39)	(3.38)	(−1.47)	(5.53)
Invsen	0.001	−0.006	−0.001	−0.002	0.004
	(0.04)	(−0.71)	(−0.05)	(−0.48)	(0.29)
Fee	−0.583	−0.217	0.475	0.064	0.529
	(−1.28)	(−0.98)	(0.89)	(0.50)	(1.30)
Hi_tech	0.020	0.005	−0.024	0.003	−0.026
	(1.06)	(0.55)	(−1.08)	(0.62)	(−1.56)
Rank	0.016	−0.048***	−0.054**	−0.061***	0.089***
	(0.83)	(−5.16)	(−2.39)	(−11.38)	(5.06)
VC	−0.057***	0.104***	−0.127***	−0.027***	−0.113***
	(−2.98)	(11.26)	(−5.71)	(−5.05)	(−6.65)
Auditor	−0.014	−0.013	−0.061**	−0.004	−0.034*
	(−0.63)	(−1.23)	(−2.40)	(−0.71)	(−1.77)
NYSE	0.055*	−0.007	−0.063*	−0.012	−0.042
	(1.82)	(−0.50)	(−1.78)	(−1.47)	(−1.56)
Range				0.110***	
				(11.14)	
Ret_mkt					−0.083
					(−0.50)

续表

变量	(1) First_stage	(2) Range	(3) Dif	(4) Revise	(5) IR
Revise					0.406*** (7.48)
截距	0.667** (2.19)	1.129*** (7.61)	0.391 (1.10)	0.260*** (3.03)	−0.237 (−0.87)
年度固定效应	Yes	Yes	Yes	Yes	Yes
行业固定效应	Yes	Yes	Yes	Yes	Yes
样本数	3392	3392	3392	3392	3392
调整后的 R^2	0.219	0.163	0.138	0.246	0.207

注:*、**和***分别代表回归系数在10%、5%和1%水平下显著,括号内为t统计量。

2. 主要解释变量的替代变量

本章研究将 IPO 簿记管理人、联合簿记管理人和联合主承销经理共同定义为 IPO 主承销商。根据本书第三章对美国资本市场 IPO 承销制度背景的分析,IPO 簿记管理人和联合簿记管理人主要负责从参加路演询价的机构投资者中收集于 IPO 定价有用的私有信息,上述两类承销商在 IPO 定价决策中扮演着更加重要的角色,在联合承销模式下通常能够分到较高的 IPO 承销收入(Hu and Ritter,2007)。鉴于上述原因,以下将 SDC 数据库中的 IPO 簿记管理人和联合簿记管理人定义为 IPO 主承销商,当 IPO 公司有一个以上的主承销商时,将公司定义为联合承销上市的样本,重新对模型(6-1)进行稳健性检验,结果如表6-6所示。其中,重新定义后的主要解释变量 BR_syn 与 Range、Dif、Revise 和 IR 四个被解释变量的回归结果与主回归结果保持一致,进一步说明了本章主要研究结论的稳健性。

表6-6 稳健性检验结果(主要解释变量的替代变量)

变量	(1) Range	(2) Dif	(3) Revise	(4) IR
BR_syn	−0.027*** (−5.83)	−0.168*** (−8.92)	0.058*** (7.33)	−0.133*** (−9.24)

续表

变量	(1) Range	(2) Dif	(3) Revise	(4) IR
Age	-0.009* (-1.85)	-0.064*** (-5.29)	-0.000 (-0.15)	-0.057*** (-6.24)
Size	-0.195*** (-27.89)	-0.033* (-1.95)	-0.031*** (-6.97)	0.051*** (3.92)
Asset	-0.016*** (-3.21)	0.039*** (3.17)	-0.004 (-1.39)	0.049*** (5.22)
Invsen	-0.007 (-0.77)	0.001 (0.07)	-0.002 (-0.41)	0.006 (0.41)
Fee	-0.183 (-0.80)	0.342 (0.63)	0.063 (0.48)	0.409 (0.99)
Hi_tech	0.005 (0.51)	-0.021 (-0.95)	0.003 (0.49)	-0.023 (-1.35)
Rank	-0.048*** (-5.01)	-0.051** (-2.24)	-0.061*** (-11.05)	0.088*** (4.92)
VC	0.091*** (9.35)	-0.092*** (-3.98)	-0.020*** (-3.59)	-0.089*** (-5.03)
Auditor	-0.013 (-1.18)	-0.065** (-2.49)	-0.003 (-0.51)	-0.039** (-1.98)
NYSE	-0.010 (-0.67)	-0.053 (-1.45)	-0.012 (-1.37)	-0.033 (-1.21)
Range			0.120*** (11.67)	
Ret_mkt				-0.064 (-0.38)
Revise				0.351*** (6.36)
截距	1.048*** (6.88)	0.694* (1.91)	0.261*** (2.96)	0.059 (0.21)
年度固定效应	Yes	Yes	Yes	Yes
行业固定效应	Yes	Yes	Yes	Yes
样本数	3392	3392	3392	3392
调整后的 R²	0.171	0.167	0.255	0.238

注：*、**和***分别代表回归系数在10%、5%和1%水平下显著，括号内为 t 统计量。

3. 剔除样本中的高科技公司

本章研究的全样本公司包括高科技公司和非高科技公司,以下剔除高科技公司样本后再次对模型(6-1)进行回归检验,结果如表6-7所示。其中,*Syn* 与 *Range*、*Dif* 和 *IR* 之间的回归系数均在1%水平下显著为负,与 *Revise* 之间的回归系数在1%水平下显著为正。上述回归结果与主回归结果保持一致,说明本章主要研究部分的结论较为稳健。

表6-7 稳健性检验结果(剔除样本中的高科技公司)

变量	(1) *Range*	(2) *Dif*	(3) *Revise*	(4) *IR*
Syn	-0.025***	-0.174***	0.066***	-0.142***
	(-5.00)	(-7.81)	(7.46)	(-8.24)
Age	-0.008	-0.059***	0.003	-0.059***
	(-1.33)	(-4.09)	(0.97)	(-5.26)
Size	-0.188***	-0.014	-0.026***	0.058***
	(-23.81)	(-0.70)	(-5.30)	(3.70)
Asset	-0.017***	0.043***	-0.004	0.058***
	(-3.06)	(3.00)	(-1.37)	(5.28)
Invsen	-0.002	-0.004	-0.004	0.003
	(-0.25)	(-0.15)	(-0.78)	(0.15)
Fee	-0.402	0.933	0.126	0.816
	(-1.57)	(1.45)	(0.87)	(1.65)
Rank	-0.043***	-0.038	-0.052***	0.092***
	(-3.98)	(-1.39)	(-8.57)	(4.35)
VC	0.087***	-0.075***	-0.018***	-0.075***
	(8.19)	(-2.79)	(-2.89)	(-3.61)
Auditor	-0.017	-0.056*	-0.003	-0.035
	(-1.36)	(-1.78)	(-0.46)	(-1.45)
NYSE	-0.003	-0.076*	-0.022**	-0.028
	(-0.18)	(-1.84)	(-2.39)	(-0.87)
Range			0.124***	
			(10.81)	

续表

变量	（1） Range	（2） Dif	（3） Revise	（4） IR
Ret_mkt				−0.054
				（−0.27）
Revise				0.415***
				（6.12）
截距	0.987***	0.398	0.172	−0.044
	（4.66）	（0.75）	（1.43）	（−0.11）
年度固定效应	Yes	Yes	Yes	Yes
行业固定效应	Yes	Yes	Yes	Yes
样本数	2684	2684	2684	2684
调整后的 R^2	0.169	0.163	0.234	0.235

注：*、**和***分别代表回归系数在10%、5%和1%水平下显著，括号内为 t 统计量。

五、进一步分析

本章重点探讨了在不同的 IPO 承销模式下，承销商的信息收集、分析和传播能力对承销商制定的 IPO 初始价格区间、路演后的价格调整和 IPO 抑价的影响。在上述研究的基础上，将进一步考察独立承销商和联合承销商的 IPO 定价效率与 IPO 公司内在价值不确定性之间的关系以及不同背景的联合承销商对 IPO 定价效率的影响。

1. IPO 公司的价值不确定性

无形资产占总资产比例较高的 IPO 公司内在价值的不确定性相对较高。首先，根据美国企业会计原则的要求，公司的品牌认知度、研发能力、高素质的员工等直接影响公司未来现金流的无形资产不能在财务报表上直接认定，因此识别和评估上述无形资产的内在价值较为困难。其次，技术专利、知识产权等满足财报认定条件的无形资产通常具有较强的异质性，其公允价值的判定主观性相对较高。Chemmanur 和 Krishnan（2012）研究发现，无形资产占总资产比例较高的IPO 公司运营风险相对较高，此时公司管理层的经营能力对公司当前的市值、未来的业绩和股票投资回报率的影响更加显著。Liu 和 Tian（2016）研究发现，无形资产占总资产比例较高的创业公司价值不确定性较高，此时风投会通过小额多轮注资的方式降低自身的投资风险。综上所述，当 IPO 公司的无形资产占总资产比例较高时，公司内在价值的判定较为困难，此时为了提高 IPO 定价的准确性，承销商需要投入更多的资源收集和分析与无形资产未来现金流相关的信息。

本章的主要研究结果显示与独立承销商相比，联合承销商在尽职调查和路演询价阶段能够有效地实现"信息规模经济效益"，并且能够更好地起到 IPO 公司价值认证的作用。因此，当 IPO 公司无形资产占总资产比例较高时，联合承销商的信息收集、分析和传播优势在合理地判定 IPO 公司的内在价值，降低外部资本市场的投资者对 IPO 公司内在价值不确定性中的作用更为重要。根据上述分析，以下将 IPO 公司分为内在价值不确定性高低两组子样本，检验不同的承销模式对承销商 IPO 定价效率的影响。为了避免自选择带来的内生性问题，以下采用稳健性检验中的 *IBP* 和 *MBP* 作为 *Syn* 的工具变量，执行 2SLS 回归分析，结果如表 6-8 所示。其中，*Risk* 为 IPO 公司内在价值不确定性的代理变量，当 IPO 公司无形资产占总资产的比例排名总样本的前 20% 时取值为 1，否则取值为 0。交乘项 *Syn×Risk* 与 *Range* 和 *Dif* 之间的回归系数均在 1% 水平下显著为负，说明当 IPO 公司无形资产占总资产比例较高时，联合承销商路演之前的信息收集和分析优势对提高承销商 IPO 定价效率的影响更加显著；*Syn×Risk* 与 *Revise* 之间的回归系数在 5% 水平下显著为正，与 *IR* 之间的回归系数在 1% 水平下显著为负，说明当 IPO 公司无形资产占总资产比例较高时，联合承销商在路演阶段的信息收集及 IPO 价值认证中的作用更加重要。综合上述回归结果，当 IPO 公司内在价值的判定较为困难时，联合承销商的信息收集、分析和传播优势对 IPO 定价效率的影响更大。

表 6-8　进一步研究（IPO 公司内在价值的不确定性）

变量	（1） *Range*	（2） *Dif*	（3） *Revise*	（4） *IR*
Syn×Risk	-0.095 ***	-0.075 ***	0.013 **	-0.043 ***
	(-6.88)	(-3.93)	(2.34)	(-2.94)

续表

变量	(1) Range	(2) Dif	(3) Revise	(4) IR
Syn	−0.032**	−0.001	0.087**	0.116***
	(−2.35)	(−0.07)	(2.30)	(4.35)
Risk	0.033	−0.079*	−0.027*	−0.038
	(1.31)	(−1.69)	(−1.81)	(−1.08)
Age	−0.009*	−0.065***	−0.001	−0.058***
	(−1.77)	(−6.21)	(−0.41)	(−7.30)
Size	−0.202***	−0.015	−0.030***	0.068***
	(−24.60)	(−0.89)	(−5.43)	(5.76)
Asset	−0.019***	0.050***	−0.004	0.058***
	(−3.51)	(3.89)	(−0.97)	(6.18)
Invsen	−0.006	−0.001	−0.002	0.004
	(−0.76)	(−0.08)	(−0.49)	(0.28)
Fee	−0.218	0.499	0.058	0.558
	(−1.00)	(0.90)	(0.46)	(1.26)
Hi_tech	0.005	−0.025	0.004	−0.027*
	(0.53)	(−1.25)	(0.66)	(−1.86)
Rank	−0.047***	−0.060**	−0.062***	0.084***
	(−4.75)	(−2.34)	(−8.72)	(4.33)
VC	0.104***	−0.124***	−0.028***	−0.111***
	(10.85)	(−4.83)	(−5.10)	(−5.47)
Auditor	−0.014	−0.060***	−0.004	−0.034**
	(−1.11)	(−3.01)	(−0.58)	(−2.37)
NYSE	−0.008	−0.062	−0.012	−0.043
	(−0.59)	(−1.24)	(−1.25)	(−1.12)
Range			0.111***	
			(6.70)	
Ret_mkt				−0.068
				(−0.40)
Revise				0.401***
				(8.48)

续表

变量	(1) Range	(2) Dif	(3) Revise	(4) IR
截距	1.136*** (19.63)	0.345** (2.49)	0.265*** (5.76)	-0.283*** (-3.83)
年度固定效应	Yes	Yes	Yes	Yes
行业固定效应	Yes	Yes	Yes	Yes
样本数	3392	3392	3392	3392
调整后的 R^2	0.163	0.143	0.242	0.209

注：*、**和***分别代表回归系数在10%、5%和1%水平下显著，括号内为 t 统计量。

2. 联合承销商背景

与 IPO 公司有借贷关系的商业银行担任 IPO 承销商时有以下两方面的主要优势：一方面，商业银行在前期的信贷评估过程中能够获取到大量有助于判定公司内在价值的私有信息（Diamond and Verrecchia，1991；Rajan，2002），此类信息为承销商在随后的 IPO 定价信息收集中节约了大量的时间和精力，从而有助于承销商将更多的资源投入其他于 IPO 定价有用的信息收集活动中，进一步拓宽自身的信息收集范围；此外，信贷评估过程中收集到的信息与承销商 IPO 尽职调查过程中收集到的信息互为补充、相互佐证，从而进一步降低了承销商对 IPO 公司内在价值的不确定性。另一方面，为了降低贷款违约的风险，商业银行不仅会在签订贷款合同前对 IPO 公司的主营业务、现金流状况、未来的偿债能力等方面进行详尽的调查和评估，而且会通过资产担保、限制性条款等措施对 IPO 公司的财务和业务状况进行持续监督，从而能够更好地起到 IPO 价值认证的作用。

尽管与 IPO 公司存在借贷关系的商业银行在 IPO 承销业务中具有极大的信息收集和传播优势，但此类银行在担任 IPO 承销商时存在利益冲突的问题。例如，为了确保 IPO 公司能够按期付息还本，商业银行可能会以低价发行的方式确保 IPO 公司成功上市融资。上述利益冲突引起的"道德风险"问题是美国国会 1933 年通过《格拉斯-斯蒂格尔法案》要求证券承销业务和传统银行业务必须分业经营的根本原因。为了打破投资银行对证券承销业务的垄断，1987 年美国国会对《格拉斯-斯蒂格尔法案》进行了修订，允许信孚银行、摩根大通等商业银行通过设立完全独立的债券承销分支机构承销部分政府和企业发行的债券。随着美国证券市场法制建设的进一步完善，1999 年国会通过《金融服务现代化法案》，完全取消了对商业银行提供证券承销服务的限制。

商业银行进入证券承销市场极大地加剧了美国资本市场中承销行业的市场竞争，相关领域的学者就上述政策变化的经济后果进行了较为广泛的研究。其中，最受关注的研究问题是与公司存在借贷关系的商业银行在随后为公司提供证券承销业务时究竟是否存在严重的"道德风险"问题，以下将此类承销商定义为"关系型承销商"。Kroszner 和 Rajan（1994）研究发现，与"非关系型承销商"相比，"关系型承销商"制定的债券发行价格更高，债券的违约率更低；进一步研究发现，上述关系在信息不对称性较高的债券发行公司中更加显著。Drucker 和 Puri（2005）研究发现，与"非关系型承销商"相比，"关系型承销商"在公司再融资发行中具有显著的信息收集和分析优势，此类承销商收取的承销费用相对较低。Yasuda（2005）研究发现，与公司存在借贷关系的商业银行被公司选为公司证券发行主承销商的概率显著高于没有借贷关系的银行，上述关系在承销 IPO 业务以及被承销公司的风险较高时更加显著。Benzoni 和 Schenone（2010）研究了"关系型承销商"潜在的利益冲突与 IPO 承销质量之间的关系，结果发现"关系型承销商"和"非关系型承销商"承销上市的 IPO 公司上市后的业绩并无显著的差异。

综上所述，在 IPO 承销业务中，与"非关系型承销商"相比，"关系型承销商"拥有更多有助于判定 IPO 公司内在价值的私有信息，此类承销商路演之前对 IPO 公司内在价值的不确定性较低。此外，"关系型承销商"能够更加可信地将收集到的 IPO 定价信息传递给外部资本市场的投资者，从而能够有效地降低投资者的信息收集成本。

根据上述分析，本章以联合承销上市的 IPO 公司为子样本，进一步研究不同类型的联合承销商与 IPO 定价效率之间的关系。借鉴 Benzoni 和 Schenone（2010）的研究设计，本书根据 Dealscan 数据库中提供的贷款信息将 IPO 公司上市前 5 年内与公司有 10 万美元以上信贷业务的 IPO 承销商定义为"关系型承销商"。在具体的实证检验中，本书以 *Syn_loan* 代表"关系型联合承销商"，当联合承销上市的 IPO 公司有一个或一个以上的"关系型承销商"时取值为 1，否则取值为 0。由于美国国会 1999 年 11 月正式废除了《格拉斯-斯蒂格尔法案》中商业银行和投资银行分业经营的条款，因此本章以下部分的研究选取 2000~2018 年联合承销上市的 IPO 公司为样本。经过上述条件的筛选，最终得到 1098 个 IPO 子样本公司。

回归得到的结果如表 6-9 所示，其中，*Syn_loan* 与 *Range* 的回归系数在 1% 水平下显著为负，与 *Dif* 的回归系数为 -0.285 且在 1% 水平下显著，说明与"非关系型联合承销商"相比，"关系型联合承销商"对 IPO 初始发行价格的不确定性更小，其制定的 IPO 初始发行价格更接近公司的内在价值；*Syn_loan* 与 *Revise* 的回归系数为 0.133 且在 1% 水平下显著为正，与 *IR* 的回归系数为 -0.257 且在 1% 水平下显著，说明与"非关系型联合承销商"相比，"关系型联合承销商"路演后对 IPO 发行价格的调整幅度更大，IPO 抑价更低。综合上述回归结果，联合承销模式下的"关系型联合承销商"在 IPO 定价过程中能够更加高效地实现"信息规模经济效益"和 IPO 公司价值认证的作用。

表 6-9　进一步研究（不同类型的联合承销商）

变量	(1) Range	(2) Dif	(3) Revise	(4) IR
Syn_loan	-0.035***	-0.285***	0.133***	-0.257***
	(-3.36)	(-6.59)	(7.25)	(-7.53)
Age	-0.009	-0.055**	-0.000	-0.044***
	(-0.94)	(-2.55)	(-0.04)	(-2.62)
Size	-0.137***	-0.020	-0.024***	0.036
	(-11.13)	(-0.69)	(-3.30)	(1.53)
Asset	-0.027***	0.011	-0.009*	0.032**
	(-3.05)	(0.56)	(-1.81)	(1.97)

续表

变量	（1） *Range*	（2） *Dif*	（3） *Revise*	（4） *IR*
Invsen	0.013	−0.025	−0.006	−0.025
	(0.82)	(−0.69)	(−0.76)	(−0.90)
Fee	−0.067	−0.659	0.076	−0.307
	(−0.18)	(−0.75)	(0.37)	(−0.44)
Rank	−0.051***	−0.080**	−0.029***	0.003
	(−2.96)	(−1.96)	(−3.03)	(0.09)
VC	0.083***	−0.129***	−0.029***	−0.134***
	(5.10)	(−3.35)	(−3.22)	(−4.41)
Auditor	0.005	0.004	−0.011	0.023
	(0.24)	(0.09)	(−1.04)	(0.63)
NYSE	−0.004	−0.132***	−0.024**	−0.088**
	(−0.21)	(−2.94)	(−2.30)	(−2.49)
Range			0.148***	
			(8.23)	
Ret_mkt				−0.383
				(−1.40)
Revise				0.220**
				(2.05)
截距	0.918***	0.826*	0.178	0.317
	(4.68)	(1.79)	(1.64)	(0.87)
年度固定效应	Yes	Yes	Yes	Yes
行业固定效应	Yes	Yes	Yes	Yes
样本数	1098	1098	1098	1098
调整后的 R^2	0.141	0.194	0.304	0.260

注：*、**和***分别代表回归系数在10%、5%和1%水平下显著，括号内为 t 统计量。

第五节　本章小结

随着 2000 年互联网泡沫的破裂和 2002 年《萨班斯-奥克斯利法案》（Sar-banes-Oxley Act）的颁布，美国资本市场中每年申请上市的 IPO 公司数量大幅降低，其中小企业 IPO 公司数量的减少更为明显。1999 年《金融服务现代化法案》出台后，各大商业银行纷纷设立了自己的证券承销分支机构，与投资银行共同竞争证券承销业务。鉴于上述原因，在需求减少、供给增加的美国 IPO 资本市场中，2000 年后通过联合承销上市的 IPO 公司比例逐年增加，极大地改变了承销商的 IPO 业务竞争和管理模式。考虑到上述宏观环境的变化，相关研究领域的学者从风险分担、价值认证、声誉机制、市场营销等多个视角出发，从理论和实证两个层面对不同的承销模式和不同背景的承销商在 IPO 承销业务中扮演的角色进行了大量的研究，并且得到了许多有益的研究发现和启示。本章从 IPO 定价信息收集的视角出发，重点探讨了联合承销商的信息收集、分析和传播优势与 IPO 定价效率之间的关系。

从本章的研究结果来看，与独立承销商相比，联合承销商不仅拥有更加充沛的人力、财力资源和更加广泛的信息收集渠道，而且拥有更加多元化的机构投资者客户，因此联合承销商一方面能够在路演之前的尽职调查过程中更加高效地收集和分析于 IPO 定价有用的信息，降低与 IPO 公司之间的信息不对称程度；另一方面能够通过路演询价收集到更多于 IPO 定价有用的私有信息，从而进一步降低对 IPO 公司内在价值的不确定性。此外，本章研究发现与独立承销商相比，联合承销商拥有更加广泛的信息传播网络和更强的 IPO 公司价值认证作用，从而能够向外部资本市场的投资者更加可信地传递与 IPO 公司内在价值相关的信息，降低了 IPO 投资者的异质性信念和信息收集的成本。在上述研究的基础上，本章还进一步研究了不同的承销模式对承销商 IPO 定价效率的影响与 IPO 公司内在价值不确定性之间的关系，结果发现当 IPO 公司的无形资产占总资产比例较高时，联合承销商的信息收集和分析优势对提高承销商的 IPO 定价效率更加重要。最后，本章以联合承销上市的 IPO 公司为样本，研究了不同背景下联合承销商与 IPO 定价效率之间的关系，结果发现与"非关系型联合承销商"相比，"关系型联合承销商"具有显著的信息收集和分析优势，并且能够更好地起到 IPO 公司价值认证的作用，此类承销商的 IPO 定价效率更高。上述研究结果表明商业银行 1999 年重新进入美国的证券承销市场后，潜在的利益冲突问题并未显著影响此类银行的

IPO 承销业务质量。与之相反，"关系型联合承销商"能够高效地利用前期信贷评估和贷款监督过程中收集到的私有信息提高 IPO 定价的合理性。

本书第四章、第五章和第六章通过实证分析的方式深入探讨了美国资本市场中承销商的信息收集活动与 IPO 定价效率之间的关系。第七章将通过理论研究方式详细地分析我国 IPO 审核与定价制度的历史沿革及制度特点，并且就我国现行的 IPO 询价发行方式与美国的簿记制定价进行系统的对比研究，在此基础上结合前文的实证研究发现阐述 IPO 簿记制定价对我国的借鉴和启示意义。

第七章　美国资本市场承销商的
IPO 定价效率对中国的借鉴和启示

第一节　中国 IPO 审核制度的演进历程

IPO 审核制度是各国证券监管机构对发行人的 IPO 资格及其申报材料进行审查的制度，是新股进入二级资本市场公开自由交易的第一个重要的门槛。我国的 IPO 资本市场是在 20 世纪 90 年代初由计划经济向市场经济过渡这一特殊的历史时期产生和发展起来的。如图 7-1 所示，随着我国经济的高速发展以及我国资本市场的不断成熟和完善，我国的 IPO 审核制度先后经历了六个阶段的演变。

一、额度管理审批制阶段（1993~1995 年）

1990 年 12 月和 1991 年 6 月，上海证券交易所和深圳证券交易所相继成立，标志着我国证券市场正式形成。由于当时我国正处于经济转轨时期，IPO 资本市场的法律法规不健全，投资者的市场力量十分薄弱，再加上各行业、各地区间的经济发展极不均衡，拟上市企业的质量参差不齐，因此政府对 IPO 企业的筛选实行严格的宏观调控和资格审查（田间、陈晓云，2007）。1993 年 4 月，国务院发

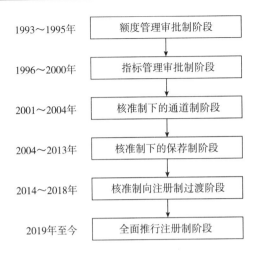

1993～1995年	额度管理审批制阶段
1996～2000年	指标管理审批制阶段
2001～2004年	核准制下的通道制阶段
2004～2013年	核准制下的保荐制阶段
2014～2018年	核准制向注册制过渡阶段
2019年至今	全面推行注册制阶段

图 7-1　中国 IPO 审核制度的演进历程

布《股票发行与交易管理暂行条例》，规定新股发行实行额度管理审批制，即证监会根据我国国民经济的总体发展水平和市场的供求状况制定当年的 IPO 总额度，经国务院批准后下达给国家计划委员会，随后再根据各地区和行业在整个国民经济发展中的地位和需求将额度分配给地方政府或部委，由其在规定的额度范围内推荐 IPO 公司，报证监会进行审核。

在额度管理审批制阶段，证监会不仅会对 IPO 发行人的资格进行实质性审核和价值判断，而且对新股发行的具体额度、价格、方式、时间等均做出了严格的行政安排。就信息披露而言，1993 年 6 月，证监会出台《公开发行股票公司信息披露实施细则（试行）》，要求 IPO 公司获准发行后对外公开上市公告书和IPO招股说明书，内容主要涉及公司的财务信息、风险因素和未来的盈利能力等。

二、指标管理审批制阶段（1996～2000 年）

由于在额度管理审批制下，证监会仅对当年 IPO 公司总的发行额度而非 IPO公司的数量做出了限制性的规定，因此地方政府为了满足更多当地企业上市融资的需求，将有限的发行额度分配给尽可能多的企业，从而导致我国早期资本市场中的 IPO 公司规模普遍偏小，一些关系国计民生的大中型企业难以通过 IPO 筹集到充足的资本。鉴于此，证监会于 1996 年对额度管理审批制进行了改革，新股发行审核开始实行"总量控制、限定家数"的指标管理审批制，即由国家计划委员会和证监会共同制定一段时间内新股发行的总额度和 IPO 公司的数量，并根据市场的供需状况向各省级政府和行业管理部门分配新股发行的具体额度和家数指标，由其在规定的指标范围内向证监会推荐 IPO 公司。此外，为了进一步提高拟上市公司的质量，1997 年起，证监会开始根据《1997 年计划内企业预选材料目录》中规定的内容，对拟上市企业的申报材料进行预审核，同时征求国务院有关部委的意见。IPO 公司预选结束后，证监会根据相关审核的结果和国家计划委员会、国家经贸委员会的意见决定是否同意 IPO 公司正式提交上市申报材料。

与额度管理审批制相比，指标管理审批制除了在审核程序上增加了证监会的预选环节外，IPO 审核内容及审核方法并没有任何实质性的改变。就信息披露而言，证监会自这一阶段起开始强调 IPO 公司信息持续公开的重要性，要求 IPO 公司上市后必须继续履行真实、及时、公允的信息披露义务。指标管理审批制虽然在一定程度上解决了 IPO 公司规模偏小的问题，但是由于地方政府大多重点推荐国有企业上市融资，所以部分民营企业和外商投资企业的股票难以进入二级资本市场自由流通，我国的资本市场结构存在失衡。

三、核准制下的通道制阶段（2001~2004 年）

随着我国市场经济的不断发展和证券市场规模的进一步扩张，额度管理审批制和指标管理审批制造成的权力寻租、效率低下、权责失衡等问题阻碍了我国 IPO 资本市场的健康发展和实体经济中资本的有效配置，新股发行审核制度市场化改革迫在眉睫（高敬忠、王媛媛，2018）。2000 年 3 月，证监会发布《股票发行核准程序》，标志着我国的新股发行审核制度开始由审批制向核准制转变。2001 年 3 月，证监会正式废止 IPO 审批制，取而代之的是核准制下的通道制，即由证监会根据具有综合类券商牌照证券公司的实力和业绩确定每家券商拥有的

IPO 通道数量。每家证券公司一次只能向证监会推荐 2~8 家 IPO 公司，所推荐的 IPO 公司由证券公司逐一排队，按序推荐。证监会每核准一家，证券公司才能再报一家，即"过会一家，递增一家"。2001 年 6 月，证监会将推荐政策调整为每成功上市一家再报一家，即"发行一家，递增一家"。此外，通道制下的主承销商在推荐 IPO 公司上市前至少需要对公司进行为期一年的上市辅导，并对 IPO 申请材料进行审核。证监会在收到上市申请材料后会对其合规性进行初审，并将通过初审的材料递交股票发行审核委员会进行复审后决定是否准予发行。在信息披露方面，通道制下的 IPO 公司除需对外披露常规的中期报告和年报以外，还必须以临时报告的形式就可能对公司股价造成重大影响的事件报证监会公告。

虽然通道制改变了审批制下的行政额度限制，主承销商获得了遴选和推荐 IPO 公司的权利，但由于通道数量有限，出于机会成本的考虑，主承销商在同等条件下会优先推荐规模较大的企业上市，从而减少了中小企业通过 IPO 上市融资的机会。此外，通道数量的限制虽然有助于鼓励主承销商对拟上市公司的质量进行把关，但在一定程度上也限制了优质承销商 IPO 业务规模的增长，扭曲了 IPO 承销市场的自由竞争机制。

四、核准制下的保荐制阶段（2004~2013 年）

为了进一步适应我国新股发行市场化改革的需求，增强 IPO 中介机构对发行人筛选把关和外部督导的责任，2003 年，证监会发布《证券发行上市保荐制度暂行办法》，规定自 2004 年 2 月 1 日起正式实施 IPO 保荐人制度，要求 IPO 公司上市前必须聘请具有保荐资格的机构对公司进行上市辅导和推荐。具体而言，保荐人在向证监会推荐 IPO 公司前必须对公司进行全面的尽职调查，核实公司 IPO 申请材料的真实性、准确性和完整性，并且需要协助公司建立严格的信息披露制度，树立市场诚信意识。在规定的辅导期满后，保荐人出具 IPO 保荐书并向证监会提交 IPO 申报材料，推荐公司上市。按照证监会的相关规定，IPO 公司成功上市后，保荐人在规定的时间内必须继续协助公司完善其法人治理结构，督导公司实现 IPO 招股说明书中的各项承诺。

与通道制相比,保荐制下 IPO 公司对外信息披露的内容和透明度均显著增加,证监会首次使用"真实、准确、完整、及时"对 IPO 公司的信息披露质量做出了明确的要求,同时规定保荐人对 IPO 公司的信息披露负有连带责任。此外,为了进一步强化社会公众和媒体的监督作用,证监会于 2006 年起正式实施 IPO 预披露制度,要求 IPO 公司在发审委审核前在相关网站预先披露 IPO 上市公告书和招股说明书。虽然保荐制明确了 IPO 保荐人在新股发行保荐阶段和持续督导阶段的责任和义务,有助于提高 IPO 公司的质量,但在实际执行过程中,由于我国的保荐人资格审查制度仍不完善,证券市场的追责、问责机制仍不健全等原因(付彦、邓子欣,2012),IPO 保荐机构普遍缺乏责任意识,IPO 尽职调查不到位、利益输送、荐而不保等问题屡见不鲜,由此导致诸多 IPO 公司上市后业绩快速"变脸",严重地损害了资本市场广大投资者的利益。

五、核准制向注册制过渡阶段(2014~2018 年)

2013 年 11 月,证监会发布《关于进一步推进新股发行体制改革的意见》,要求继续推进以信息披露为核心的新股发行审核制度改革,督促承销商、会计师事务所等 IPO 中介机构审慎勤勉、归位尽责,发挥好资本市场"看门人"的作用,逐步实现由核准制向注册制过渡。根据证监会的相关规定,改革后的 IPO 公司作为信息披露的第一责任人必须全力配合上述中介机构开展尽职调查,及时地向中介机构提供一切必要的信息;保荐机构主要负责督导 IPO 公司规范运行并对 IPO 申请文件进行核查;会计师事务所和律师事务所则需遵照各自的执业规范和业务标准对发行人的内控、财务、运营等信息进行审查和认证;证监会在收到 IPO 申请后只需对申请文件中信息披露的合规性进行审核,不再对 IPO 公司的盈利能力和投资价值作出实质性判断(张彩虹、万华林,2018)。

2015 年 4 月,《证券法(修订草案)》正式取消了 IPO 审核制,并从发行条件、注册程序、IPO 资本市场参与者的责任等方面对 IPO 注册制的实施做出了全面系统的规定,初步形成了注册制的基本法律框架。2015 年 6 月,我国股市爆发严重的"股灾",证监会于 2015 年 7~11 月暂停了所有的 IPO 业务。考虑到我国资本市场全面推行 IPO 注册制的条件仍不成熟，2015 年 12 月，国务院常务会议通过《关于授权国务院在实施股票发行注册制改革中调整适用〈中华人民共和国证券法〉有关规定的决定（草案）》，要求我国在两年内逐步实现 IPO 注册制（高敬忠等，2018）。2016 年 1 月，我国 A 股熔断机制实施失败，证监会决定暂缓推行 IPO 注册制。

六、全面推行注册制阶段（2019 年至今）

随着我国多层次资本市场建设的不断成熟和完善，2019 年 3 月，科创板在上交所正式设立并试点 IPO 注册制。具体而言，注册制下的 IPO 公司需要按照证监会的相关要求准备 IPO 注册申请文件，由保荐人保荐并向上交所提交上市申报材料。随后，上交所通过问询的方式对 IPO 公司的发行条件、上市条件和信息披露的情况进行审核，在此基础上作出是否同意发行的审核意见，并将通过审核的 IPO 申请资料报送证监会进行注册。科创板试行的 IPO 注册制极大地降低了企业上市融资的门槛，通过优化精简的审核程序提高了 IPO 发行效率，为将注册制推广到其他股票市场板块提供了重要的经验和借鉴。

2019 年 12 月，新修订的《证券法》出台，并于 2020 年 3 月 1 日起正式施行。修订后的法案通过强调新股发行前端简政放权、事中事后严格监管、完善和落实保荐机构和会计师事务所的追责机制、严格实施退市制度等一系列措施重塑 IPO 资本市场的监管环境，正式确立了 IPO 注册制的合法地位。随着注册制在科创板的成功试行以及我国证券市场融资规模的不断扩张，2020 年 6 月，证监会发布《创业板首次公开发行股票注册管理办法（试行）》，就创业板的 IPO 审核、信息披露、退市等基础性制度进行改革，为创业板试点 IPO 注册制提供了健全完善的规管框架。

综上所述，我国的 IPO 审核制度经历了从审批制到核准制再到注册制的转变。其中，审批制采用严格的行政计划手段制订和分配 IPO 额度与指标，并由地方政府或行业主管部门推荐 IPO 公司上市融资。在我国资本市场发展初期，市场力量仍十分薄弱的情况下，IPO 审批制为我国实现由计划经济向市场经济平稳过渡，平衡复杂的社会经济关系起到了积极的作用。但审批制下由行政部门审核发放 IPO 额度或指标的制度安排为 IPO 审核机构创造了权力寻租的空间（高建宁，2005），上市资源的行政计划和分配无法满足企业的实际融资需求。为了减少行政干预，充分发挥券商的 IPO 推荐和督导作用，2001 年 3 月，证监会正式取消了 IPO 审批制，开始全面实施核准制。IPO 核准制以强制性信息披露为核心，先后经历了通道制和保荐制两个阶段。虽然核准制取消了 IPO 额度和指标的管理，但证监会就 IPO 公司的上市资格和发行条件做出了更加严格的行政规定。此外，核准制下证监会仍需对 IPO 申报文件的内容进行实质性审查，因此这一 IPO 审核制度依然带有较强的行政干预色彩，未能充分发挥市场在资源配置中的作用。

为了进一步推进我国的 IPO 市场化进程，2013 年 11 月，证监会发布《关于进一步推进新股发行体制改革的意见》，正式启动了 IPO 注册制改革。此后，证监会立足我国国情，在吸收和借鉴海外成熟资本市场实践经验的基础上出台了一系列新的政策和措施，从新股发行制度的要素出发，对 IPO 审核、定价、配售等环节进行了系统性的改革，大幅简化了新股发行的条件，取消了发审委制度，逐步实现与 IPO 注册制接轨。总结来看，由于注册制的全面推行对资本市场法制体系的建设水平及投资者队伍的成熟程度要求较高，不可能一蹴而就（夏立军，2018），因此在实际执行过程中，我国证监会在综合考虑多层次资本市场建设需求、不同市场中投资者的接受程度和相关配套制度改革进程的基础上稳妥有序地分步推行注册制的实施。

第二节　中国 IPO 定价制度的演进历程

与我国新股发行审核制度改革同时进行的是 IPO 定价制度的改革。从过去 30 多年的发展历程来看，我国的 IPO 定价制度改革是一个"摸着石头过河"，不断试错、调整、纠正的自我探索过程。如图 7-2 所示，根据 IPO 定价的市场化程度，我国的 IPO 定价机制大致经历了四个阶段的发展。

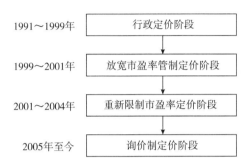

图 7-2　中国 IPO 定价制度的演进历程

一、行政定价阶段（1991~1999 年）

20 世纪 90 年代初，我国的证券市场刚刚建立，处于经济转轨时期的资本市场力量十分薄弱，无法有效地发挥市场的价格机制作用。因此，1994 年以前，我国的新股发行价格完全由证券监管机构决定，IPO 基本按新股的面值发行。1994 年 6 月到 1995 年 1 月，上网竞价发行的方式曾短暂出现，但由于当时我国的 IPO 资本市场尚不成熟、拟上市公司的信息披露透明度较差、投资者具有较强的投机性等原因，这一市场化程度相对较高的定价方式只在四家 IPO 公司试点后便终止实施（高利等，2003；李文华，2014）。此后，我国的 IPO 定价主要采用相对固定市盈率倍数法，即 IPO 发行价格由拟上市公司的每股税后利润乘以 13~16 倍的市盈率来确定。

就每股税后利润而言，1996 年 12 月以前，证监会规定以 IPO 公司的盈利预测为基础进行计算；1996 年 12 月后，改为 IPO 公司上市前三年已实现每股税后利润的算术平均值；1997 年 9 月，改为发行前一年每股税后利润的 70% 和发行当年每股预测税后利润的 30%；1998 年 3 月，调整为发行当年预测的加权平均每股税后利润。总结来看，行政定价阶段的面值发行和相对固定市盈率倍数法完全没有考虑 IPO 公司所在行业、公司自身的特征以及 IPO 资本市场的具体发行状况，因此新股的发行价格既不能代表 IPO 公司的内在价值，又不能反映 IPO 资本市场的实际供求关系，从而严重地降低了资本市场对实体经济中资源配置的引导作用。

二、放宽市盈率管制定价阶段（1999~2001 年）

1999 年 7 月，我国第一部规范证券发行与交易行为的法律《证券法》正式实施。该法明确规定我国的新股发行价格可以由 IPO 发行人和承销商根据拟上市公司的客观条件和市场发行状况合理协商后确定，IPO 定价不再受到严格的市盈率限制。1999 年 7 月，证监会发布《关于进一步完善股票发行方式的通知》，规定总股本 4 亿元以上的 IPO 公司与其主承销商可以共同协商制定一个新股发行价格区间，经证监会核准并在征询配售对象认购意愿的基础上确定最终的新股发行价格。

为了进一步提高市场在 IPO 定价中的主导作用，2001 年 5 月，证监会发布《新股发行上网竞价方式指导意见》，规定采取上网竞价发行的 IPO 主承销商以 IPO 公司宣布的发行底价为最低价格，邀请投资者在指定时间内通过证券交易所的电子交易系统上网竞价申购新股，IPO 公司及其主承销商以价格优先的原则确定最终的 IPO 发行价格。上网竞价发行在充分发挥 IPO 资本市场投资者的价格发现功能方面具有积极的意义，但由于当时我国大量的 IPO 公司股权结构不合理，70%左右的股份为不能上市流通的国有股和法人股（林毅夫，2000），从而造成新股抑价发行的现象十分普遍，上网竞价发行并未达到预期的效果。

三、重新限制市盈率定价阶段（2001~2004 年）

2001 年 6 月，国务院发布《减持国有股筹集社会保障资金管理暂行办法》，规定国家持有股份的 IPO 公司必须采取市场定价方式按融资额的 10%减持国有股。上述政策出台后，国有股大幅减持引发的资金担忧和流通股的贬值造成我国沪深股市暴跌，证监会不得不于 2001 年 9 月紧急暂停所有的 IPO 业务。2001 年

11 月 IPO 重启后，为了稳定市场预期、控制股市风险，证监会规定 IPO 公司通过限制市盈率的网上累计投标方式确定新股发行价格。在这一定价方式下，IPO 公司与主承销商首先协商制定上下浮动幅度不超过 10% 的发行价格区间，随后由投资者在该价格区间内竞价投标，并在此基础上按照投资者超额认购的倍数确定 IPO 发行价格。按照证监会的相关要求，IPO 公司的筹资总额不得超过上年末净资产的 2 倍，发行市盈率不超过 20 倍（耿建新、周芳，2002；巴曙松等，2004）。重新限制市盈率的定价方式虽然避免了新股发行价格过高的问题，但是一视同仁的 20 倍市盈率上限导致许多成长性较高的优质公司无法通过新股发行价格合理地体现自身的投资价值，从而降低了此类公司上市融资的积极性。

四、询价制定价阶段（2005 年至今）

随着我国证券市场法治体系建设的不断完善，机构投资者的价值研究能力及参与 IPO 定价的积极性不断增强（刘毓群，2006），推行 IPO 询价发行制度的条件逐渐成熟。2004 年 8 月，证监会正式启动 IPO 询价制改革，新股发行暂停。同年 12 月，证监会发布《关于首次公开发行股票试行询价制度若干问题的通知》，规定我国资本市场中的 IPO 公司自 2005 年 1 月 1 日起通过询价发行的方式确定 IPO 发行价格。询价制下的 IPO 公司及其主承销商通过向询价对象，即符合证监会规定条件的机构投资者进行初步询价和累计投标询价确定最终的 IPO 发行价格。从 IPO 定价的市场化程度来看，询价制下的新股定价又经历了以下三个阶段的发展：

第一阶段为 2006 年 5 月到 2008 年 9 月的窗口指导阶段。2005 年 4 月，证监会发布《关于上市公司股权分置改革试点有关问题的通知》，正式启动我国的股权分置改革工作，IPO 暂停。2006 年 5 月，证监会出台《首次公开发行股票并上市管理办法》，重启因股权分置改革，暂停一年的新股发行并对 IPO 发行价格进行窗口指导（张剑，2014），规定询价制下的新股发行价格不得超过 30 倍市盈率。虽然询价制的全面推行在一定程度上解决了我国 IPO 资本市场中的高抑价问题（杨记军、赵昌文，2006），但两步询价的 IPO 发行方式成本较高，从而降低了新股的发行效率。鉴于上述原因，2006 年 9 月，证监会发布修订后的《证券发行与承销管理办法》，允许中小板上市的 IPO 公司与主承销商在初步询价后直接协商确定 IPO 发行价格。

第二阶段为 2009 年 6 月到 2012 年 10 月的市场化定价阶段。受我国上市公司大小非解禁和美国次贷危机的影响，我国股市自 2007 年 10 月底开始大幅下挫，股指一路走低，证监会不得不于 2008 年 9 月再次暂停 IPO 业务。2009 年 6 月，证监会发布《关于进一步改革和完善新股发行体制的指导意见》，开启了询价制第二阶段的改革，新股发行随之重启。改革后的 IPO 定价取消了发行市盈率上限的窗口指导，开始真正走向市场化。2010 年 8 月，证监会发布《关于深化新股发行体制改革的指导意见》，允许主承销商推荐一定数量具有较高定价能力的机构投资者参与 IPO 网下询价和配售活动。同年 10 月，证监会出台《关于修改〈证券发行与承销管理办法〉的决定》，允许创业板上市的 IPO 公司及其主承销商根据初步询价的结果确定 IPO 发行价格。2012 年 5 月，证监会发布修订后的《证券发行与承销管理办法》，规定 IPO 发行人与主承销商可以协商定价或采用其他合法可行的方式确定 IPO 发行价格。此外，随着我国证券市场中个体投资者的不断成熟，证监会允许主承销商推荐具备 5 年以上投资经验、风险承受能力和定价研究能力较强的个人投资者作为询价对象。虽然上述一系列的 IPO 定价制度改革极大地提高了 IPO 定价的灵活性，但由于我国询价制下的 IPO 申购报价机制和定价配售机制仍不健全，市场化定价带来了 IPO 高发行价、高市盈率和高募集资金的"三高"问题（冯晓、崔毅，2010；耿建新、张驰，2013）。鉴于此，证监会 2012 年 5 月下发《关于新股发行定价相关问题的通知》，明确要求 IPO 公司的发行市盈率不得超过同行业已上市公司平均市盈率的 25%，否则必须补充盈利预测并重新询价。

第三阶段为 2014 年 1 月后的 IPO 定价隐性管制阶段。2012 年 11 月，受大盘持续下跌及证监会启动 IPO 公司年度财报专项检查工作的影响，IPO 再次暂停。为了进一步加强对 IPO 定价过程的监管，稳定有序地重启新股发行，2014 年 1 月，证监会发布《关于加强新股发行监管的措施》，要求 IPO 公司的发行市盈率以所在行业最近一个月的静态平均市盈率为参考（方琦，2014）。在实际执行过程中，为了避免新股定价过高引起的高超募、破发等问题，证监会审核的新股发行市盈率一般不超过 23 倍，新股上市首日涨幅的上限为 44%（罗琦、伍敬侗，2017；魏志华等，2019；宋顺林、唐斯圆，2019）。2015 年 6 月下旬，我国股市出现连续的断崖式下跌，证监会再次紧急叫停 IPO 业务。2015 年 11 月 IPO 重启后，证监会规定发行数量在 2000 万股以下且无老股转让计划的 IPO 一律取消询价环节，由发行人与主承销商协商后直接确定 IPO 发行价格。IPO 直接定价的方式一方面避免了 IPO 公司由于网下询价机构不足而中止发行的情况（耿建新、张驰，2012），提高了新股的发行效率；另一方面降低了 IPO 公司及其主承销商组织路演询价的成本，进一步体现了我国 IPO 资本市场为企业融资服务的根本宗旨。

综上所述，自沪深证券交易所成立至今，我国的 IPO 定价制度经历了行政定价、放宽市盈率管制定价、重新限制市盈率定价和询价制定价四个阶段的改革，目前已经基本建成了符合我国国情、适应我国多层次资本市场发展需求的 IPO 定价机制。自 2005 年询价制的基本框架确立以来，证监会本着减少行政干预，充分发挥询价对象和 IPO 中介机构价值发现功能的原则，不遗余力地修订和完善 IPO 定价制度，旨在通过市场的自主约束机制逐步提高新股发行价格的合理性。具体而言，在定价方式的选择方面，从最初仅允许 IPO 公司和主承销商通过初步询价和累计投标询价的方式确定 IPO 发行价格，到允许中小板和创业板的 IPO 公司直接根据初步询价的结果确定新股发行价格，再到允许发行人与主承销商自主协商后直接定价；在询价对象方面，从最初仅允许符合证监会要求的基金管理公司、信托投资公司等六类机构投资者参与网下询价，到允许主承销商自主推荐机构投资者，再到允许一定数量的个人投资者参与初步询价。通过上述因地制宜、与时俱进的不断改革，我国目前实行的 IPO 询价发行制度为实现 IPO 资本市场主体自主约束、归位尽责创造了良好的制度条件，对进一步提高 IPO 定价的公允性和透明度，推动我国多层次资本市场体系的健康发展起到了重要的作用。

第三节　中国询价制定价与美国簿记制定价的主要异同

虽然我国现行的 IPO 定价制度允许主承销商与 IPO 公司协商后直接确定 IPO 发行价格，但由于询价机制能够借助网下专业的机构投资者更加准确地判定新股的均衡价格和市场需求，提高 IPO 成功发行的概率，因此目前我国资本市场中的 IPO 公司及其主承销商大多采用询价发行的方式确定新股发行价格。根据本书第三章制度背景的分析，美国资本市场中的 IPO 承销商主要通过簿记制定价的方式确定 IPO 发行价格。本节以中美两国上述两种主流的 IPO 定价方式之间的主要异同进行系统的对比。

一、询价制定价与簿记制定价的主要相似性

我国的 IPO 询价发行与美国的簿记制定价在 IPO 定价流程上有着一定的相似性。具体而言，在我国现行的询价发行制度下，新股的定价流程主要包括以下三个主要环节：首先，在正式刊登 IPO 招股意向书前，IPO 主承销商必须在对公司的内在价值进行独立分析和评估的基础上撰写投资价值研究报告，制定 IPO 发行价格区间和市盈率区间，并提交证监会进行审核；其次，在证监会核准发行后，IPO 公司与主承销商正式刊登 IPO 招股意向书和初步询价公告，组织符合证监会要求的投资者进行网下询价；最后，IPO 主承销商既可以在初步询价的基础上与拟上市公司协商后确定 IPO 发行价格，也可以在初步询价区间内继续进行累计投标询价后确定最终的新股发行价格。与之相比，美国簿记制定价下承销商的 IPO 定价流程大致如下：首先，承销商在对 IPO 公司进行尽职调查和价值评估的基础上制定 IPO 初始发行价格区间，并在路演询价前提交 SEC 进行备案；其次，承销商邀请对本次发行感兴趣的机构投资者参加现场路演询价活动，推介 IPO 公司

拟发行的股票并由 IPO 簿记管理人负责收集机构投资者的申购报价信息；最后，承销商在综合考虑尽职调查和路演询价阶段收集到的 IPO 定价信息的基础上，结合外部资本市场的具体发行状况确定最终的 IPO 发行价格。

从上述 IPO 定价流程来看，询价发行与簿记制定价主要有以下两点相似性：第一，在路演询价正式开始前，中美两国的证券监管机构均要求 IPO 承销商在尽职调查的基础上利用自身的专业知识和行业经验评估 IPO 公司的内在价值，并将初步确定的 IPO 发行价格区间提交证券监管机构进行审核或备案。第二，中美两国的 IPO 承销商均需通过询价的方式从定价研究能力较强的机构投资者中收集于 IPO 定价有用的信息，并在此基础上制定 IPO 发行价格。由此可见，无论是簿记制定价还是询价制定价，IPO 承销商和机构投资者在 IPO 公司的价值判定中均扮演着重要的角色。

二、询价制定价与簿记制定价的主要差异

虽然中美两国的证券监管机构均意识到 IPO 资本市场中最重要的中介机构，即承销商与以基金、养老金等为代表的机构投资者在 IPO 定价中的重要作用，但由于两国的 IPO 资本市场在形成时间、运作机制、发展路径、开放程度等多方面存在巨大的差异，承销商和机构投资者的成熟程度、定价理念及定价能力不同，其在 IPO 定价决策中承担的具体职能及相对重要性也大相径庭（陈蓉，2002）。总结而言，我国现行的询价制定价与美国的簿记制定价主要存在以下五个方面的差异：

第一，就承销商制定的 IPO 价格区间而言，按照 SEC 的相关规定，簿记制定价下的 IPO 承销商只需通过 S-1 或 S-1A 文件向 SEC 提交 IPO 初始发行价格区间，承销商无须在上述材料中披露具体的定价方法。此外，承销商在路演询价之前可以随时对 IPO 价格区间进行调整，相关信息通过 SEC 官网向公众披露。与之相比，我国证监会要求 IPO 主承销商在独立撰写的投资价值研究报告中不但需要披露 IPO 发行价格区间，而且需要详细披露估值使用的盈利预测模型、参数选择、具体的计算方法等内容。此外，按照证监会的相关规定，IPO 主承销商必须

向询价对象提供投资价值研究报告，该报告并不对外公开披露。

第二，就路演询价活动而言，簿记制定价下的 IPO 路演活动和询价活动同时进行，承销商通过一步式询价的方式确定最终的 IPO 发行价格。在路演询价过程中，IPO 公司的高管和承销商代表负责推介公司拟发行的股票并回答机构投资者提出的各种与本次发行相关的问题，担任簿记管理人的 IPO 主承销商负责收集机构投资者的申购报价信息。与之相比，我国询价制下的 IPO 路演活动与询价活动分开进行。根据我国证监会的相关要求，IPO 公司在初步询价前可以自行选择是否组织路演推介活动，符合条件的询价对象必须在 IPO 公司规定的时间内通过沪深交易所的网下发行电子化平台统一提交 IPO 申购报价。此外，采用询价发行的 IPO 公司与主承销商既可以通过一步式询价，即根据初步询价的结果直接确定 IPO 发行价格，也可以通过两步式询价，即根据初步询价和累计投标询价的结果确定新股发行价格。

第三，就询价对象的选择和数量而言，我国证监会规定：符合条件的询价对象可以自主决定是否参与 IPO 初步询价，主承销商无正当理由不得拒绝。虽然询价制下的 IPO 主承销商可以自主推荐个人投资者和机构投资者参加 IPO 网下询价配售活动，但证监会就询价对象的推荐数量及资质做出了明确的限制和要求。此外，按照我国证监会 2018 年 6 月发布的《证券发行与承销管理办法》中的相关规定，对于发行数量在 4 亿股及以下的 IPO 公司来说，参与初步询价的有效报价投资者数量必须不少于 10 家，4 亿股以上的则不少于 20 家，否则 IPO 公司必须即刻中止发行。与之相比，SEC 对参与 IPO 路演询价投资者的具体条件和数量并没有做出特别的要求和限制，IPO 承销商可以根据实际的发行状况自主邀请对本次发行感兴趣的投资者参与路演询价。

第四，就询价对象的申购报价而言，在我国的询价发行制度下，参与 IPO 初步询价的投资者可以根据自身的投资价值分析确定新股的申购价格，其申购报价不受承销商制定的 IPO 价格区间的限制。此外，证监会规定每个询价对象只能提交一个 IPO 申购价格和该价格对应的拟申购数量，并且只有在初步询价阶段提供有效报价的投资者才有资格参与累计投标询价和网下申购。就询价信息的披露而言，根据中国证券业协会 2018 年 6 月发布的《首次公开发行股票配售细则》中的相关规定，采用询价发行的 IPO 主承销商必须在询价结束后发布的结果公告中详细披露获配投资者的 IPO 申购报价、申购数量和配售数量等信息。与之相比，簿记制定价下每家机构投资者在路演询价中可以向承销商提交多个 IPO 申购报价及其对应的新股申购数量，所有的申购报价必须在承销商制定的 IPO 发行价格区间内波动。此外，IPO 承销商在路演询价结束后无须对外公开披露询价过程中收集到的申购报价信息和最终的配股信息。

第五，就 IPO 定价而言，我国证监会要求 IPO 公司与主承销商在收到网下投资者的申购报价信息后，应当在剔除无效报价和最高报价的基础上根据剩余报价及拟申购数量确定新股发行价格。IPO 发行价格对应的市盈率不得超过二级资本市场行业平均市盈率的 25%，否则 IPO 公司及其主承销商需要补充盈利预测并重新询价。此外，如果承销商询价后最终确定的 IPO 市盈率高于 IPO 公司所在行业最近一个月的静态平均市盈率，IPO 公司和主承销商必须在网上申购开始前三周每周至少发布一次投资风险特别公告。就新股配售而言，我国证监会明确规定发行总股本在 4 亿股及以下的，网下发行比例不得低于新股发行总量的 60%，4 亿股以上的则不得低于 70%。此外，40% 以上网下发行的股票必须优先配售给公募基金、社保基金和养老金，上述投资者的配售比例不得低于其他投资者，并且同类投资者的获配比例应当相同。与之相比，簿记制定价下的 IPO 发行价格和新股的配售数量由承销商在综合考虑机构投资者的申购报价信息及 IPO 资本市场实际供求状况的基础上自行确定，承销商具有完全自主的 IPO 定价权和配股权。

第四节　美国簿记制定价对中国的借鉴意义

自 2018 年以来，涉及银行、保险、证券等多个行业对外开放的政策相继出台，我国金融业进入全面对外开放的发展新阶段。2018 年 6 月，我国 A 股正式加入 MSCI 新兴市场指数和 MSCI ACWI 全球指数，由此标志着我国的股票市场受到了国际资本市场的认可。随着我国资本市场国际化水平的不断提升和融资规模的继续扩大，我国的 IPO 审核与定价制度以及资本市场参与者在新股发行中扮演的角色将进一步与国际资本市场接轨。2020 年 3 月，新修订的《证券法》正式实施，我国开始全面推行海外成熟资本市场普遍采用的 IPO 注册发行制度。与核准制相比，注册制在上市条件、信息披露、中介机构的责任、政府的监管范围等方面做出了一系列符合国际惯例和最佳实践的重大改革，旨在通过进一步加强和完善我国 IPO 资本市场的法制体系和诚信建设提高新股的发行效率，促进资本市场更好地为实体经济服务。

承销商作为一级资本市场中的重要中介机构，在不同的 IPO 发行制度下担任的职能大相径庭。作为新兴资本市场的代表，我国的证券市场仅有 30 多年的发展历史。随着我国 IPO 审核制度、发行方式和定价机制的不断改革，我国资本市场中 IPO 承销商的承销理念、业务模式和管理方式也在不断地改变。与之相比，美国资本市场中的证券承销业务已有近 200 年的发展历史，随着法制建设与投资者保护制度的不断完善，簿记制定价下的 IPO 承销商经过激烈的市场竞争与淘汰就 IPO 承销业务已经建立起了较为成熟的行业规范和业务标准。与核准制相比，IPO 注册制的全面推行在尽职调查、路演询价、IPO 定价和配股等方面对我国 IPO 承销商的业务组织能力和定价研究能力提出了更高的要求。通过对比中美两国的 IPO 定价机制的研究发现，就充分发挥承销商的 IPO 价值发现功能，进一步提高 IPO 定价的合理性，保障 IPO 发行人和资本市场中广大投资者的利益而言，美国的 IPO 簿记制定价方式在以下两个方面值得我国借鉴：

一、进一步强调 IPO 招股说明书在 IPO 公司价值判定中的作用

在我国现行的 IPO 询价发行制度下，为了更好地发挥询价对象，尤其是投资价值研究能力较强的机构投资者在 IPO 公司价值发现中的积极作用，证监会明确要求 IPO 主承销商向询价对象提供独立撰写的投资价值研究报告。虽然上述规定有助于督促主承销商提高自身的 IPO 定价研究能力，降低询价对象与 IPO 公司之

间的信息不对称程度，但在实际执行过程中，这一制度安排存在以下几方面的主要弊端：首先，虽然证监会在《首次公开发行股票承销业务规范》中对投资价值研究报告的内容和质量做出了明确要求，但询价制下的 IPO 主承销商在路演询价之前通常将更多的时间和精力放在对 IPO 公司进行上市辅导和准备招股说明书等 IPO 申报材料方面，对撰写投资价值研究报告的重视程度不足，从而导致主承销商出具的投资价值研究报告与 IPO 招股说明书中的内容重复程度较高，其 IPO 定价参考价值较低。其次，承销商出于自身承销收入的考虑有着强烈的动机确保 IPO 公司成功上市，因此在撰写投资价值研究报告时经常美化 IPO 公司的经营业绩和投资前景、淡化风险提示，从而在一定程度上误导了询价对象的申购报价决策（孙毅，2011）。再次，采用询价发行的 IPO 公司从正式刊登初步询价公告到启动询价一般只有 1~3 天的时间，在这段时间内，有意参与网下询价的投资者通常忙于向中国证券业协会登记注册并向 IPO 主承销商提交相关的询价资格审核材料，从而没有充分的时间认真研读投资价值研究报告中的内容。最后，根据我国证监会的相关规定，IPO 发行人、主承销商和询价对象未经许可不得对外披露投资价值研究报告中的内容。因此，IPO 公司外部资本市场的投资者、评级机构、证券分析师等利益相关方无法及时地获取投资价值研究报告中的相关信息。上述因素造成的信息不对称一方面可能引起 IPO 公司、询价机构和承销商通过操纵新股发行价格损害 IPO 公司外部中小投资者的利益；另一方面限制了资本市场参与者对 IPO 承销商信息披露的质量进行有效的监督。

与之相比，在美国的 IPO 资本市场中，IPO 公司的律师和承销商的律师共同负责撰写符合 SEC 要求的 IPO 注册声明、招股说明书等上市申报材料；拟上市公司必须按照《1933 年证券法》中的相关规定在 IPO 招股说明书中真实、公允地披露一切有助于投资者判定 IPO 公司内在价值的信息；承销商路演之前主要负责 IPO 项目的整体规划与协调，并需通过尽职调查阶段收集到的信息制定合理的 IPO 发行价格区间。由此可见，美国资本市场中对外公开披露的 IPO 招股说明书是拟上市公司向外部资本市场传递有关公司投资价值和投资风险的最重要文件。招股说明书的格式、内容及信息披露的质量由 SEC、承销商、律师事务所和会计师事务所等中介机构共同把关，投资者根据招股说明书中披露的信息自行判断 IPO 公司的投资价值并承担相应的投资风险（卫恪锐，2017）。上述制度安排一方面消除了承销商可能由于利益冲突出具低质量的投资价值研究报告，误导 IPO 投资者的风险；另一方面有助于承销商在路演之前投入更多的时间和精力收集于 IPO 定价有用的信息，提高 IPO 价格区间的合理性。

实行 IPO 注册制后，我国证监会从受理 IPO 申报材料到核准发行的时间将大幅降低，采用询价发行的 IPO 公司及其主承销商在核准发行后需要快速进入路演询价阶段。因此，借鉴美国簿记制定价下将 IPO 招股说明书作为投资者判定 IPO 公司内在价值的首要参考文件，明确 IPO 公司和中介机构在编制招股说明书中的责任与义务，取消对主承销商撰写投资价值研究报告的要求，不但有助于进一步提高我国 IPO 招股说明书的信息披露质量，鼓励 IPO 公司和承销商将有助于判定公司投资价值和投资风险的信息充分、完整、准确地披露在 IPO 招股说明书中，降低 IPO 公司与外部资本市场投资者以及网下询价对象与其他投资者之间的信息不对称程度，而且有助于鼓励我国的 IPO 主承销商在前期的尽职调查过程中将更多的资源投入 IPO 定价信息的收集和分析活动当中，充分发挥承销商在 IPO 公司价值发现中的作用。

二、重视现场路演在降低 IPO 公司与投资者之间信息不对称中的作用

在美国的 IPO 资本市场中，现场路演询价是 IPO 公司及其主承销商与对本次发行感兴趣的机构投资者面对面沟通交流，降低投资者与 IPO 公司之间信息不对称程度的重要环节。簿记制定价下的 IPO 承销商在向 SEC 提交最终确定的新股发行价格区间后便开始着手准备为期 2~4 周的现场路演询价活动。在此期间，IPO 公司的高管及其主承销商代表将按计划前往美国及海外的主要城市向外部资本市场的投资者推介新股，并就此次发行现场回答投资者提出的各种问题，同时收集机构投资者的申购报价信息。为了满足多元化机构投资者的不同需求，簿记制定价下的路演询价活动涵盖的地区范围较广、时间也较为充分，因此有意向申购新股的机构投资者可以根据自身的实际情况较为灵活地选择合适的时间和地点

参加现场路演询价活动。与路演询价流程相比，路演后承销商确定新股发行价格再到正式挂牌上市的时间相对较短。例如，优步公司（Uber）的主承销商摩根士丹利 2019 年 4 月 15 日向 SEC 提交 S-1A 文件，确定公司的每股发行价格为 44～50 美元。随后，公司及其主承销商于 2019 年 4 月 26 日到 5 月 8 日间在纽约、旧金山、伦敦等 8 个城市举办了为期两周的现场路演询价活动。路演期间，优步的首席执行官 Dara Khosrowshahi 就公司如何从一个单纯的网约车服务平台转变为提供外卖食品、组织卡车配货等各种物流服务的综合科技平台进行了详细的说明，同时回答了投资者提出的与无人驾驶汽车、共享单车等业务相关的一系列问题；摩根士丹利资本市场部的 IPO 承销代表则就本次发行的股票种类、发行数量、价格区间等进行了解说，并邀请有意申购新股的机构投资者提交相关的申购报价信息。路演询价结束后，优步于 2019 年 5 月 9 日宣布其最终确定的 IPO 发行价格为每股 45 美元，并于 5 月 10 日正式在纽约证券交易所挂牌上市。综上所述，簿记制定价下的现场路演询价活动是一个双向的信息交换过程，机构投资者利用路演活动收集到的增量信息优化自身的 IPO 申购报价决策，承销商则利用机构投资者提供的更加准确的申购报价信息进一步提高 IPO 发行价格的合理性。

与之相比，在我国现行的询价发行制度下，IPO 路演活动与询价活动分开进行。按照我国证监会的相关要求，IPO 公司及其主承销商可以根据自身的实际需求在正式询价前安排路演推介活动。路演结束后，符合条件的询价对象在 IPO 公司规定的时间内通过上交所或深交所的网下发行电子化平台提交 IPO 申购报价信息。在实际发行过程中，虽然我国证监会并未强制要求 IPO 公司组织现场路演活动，但 2005 年询价制正式实施后，我国大多数 A 股上市的 IPO 公司均选择在北京、上海和深圳三地邀请多家机构投资者参与现场路演活动，推介公司的商业模式和投资价值，同时解答机构投资者提出的各种问题。现场路演一度成为机构投资者了解 IPO 公司、获取新股投资信息的重要渠道，在此类投资者随后的 IPO 申购报价决策中扮演着重要的角色。但自 2011 年起，随着我国 A 股 IPO 公司破发数量的不断增多，持续下跌的股市行情导致机构投资者参与现场路演活动的积极性大幅降低，越来越多的 IPO 公司取消了现场路演推介活动。

2014 年 5 月，证监会发布修订后的《首次公开发行股票承销业务规范》，明确要求 IPO 公司路演推介的内容不得超出招股意向书和其他已公开信息的范围。随后，少数选择组织现场路演活动的 IPO 公司及其主承销商在路演推介会上多例行公事地播放公司的宣传片，或将公司招股说明书中的内容制作成 PPT 进行宣讲，极少与投资者进行积极的互动交流。就询价活动而言，IPO 主承销商从启动初步询价到确定最终的 IPO 发行价格一般只需要 3~5 个工作日的时间。随后，主承销商需要花费较长的时间组织投资者申购缴款、办理股份登记并向证券交易所报送上市申请文件。上述流程全部完成后，IPO 公司才能在选定的证券交易所正式挂牌上市。例如，中国邮政储蓄银行 2019 年 10 月 29 日正式刊登初步询价公告，邀请网下投资者 11 月 1 日通过上交所网下申购平台进行报价，并决定根据初步询价的结果直接确定新股发行价格。2019 年 11 月 6 日，中国邮政储蓄银行公布其最终确定的 IPO 发行价格为每股 5.5 元，由于这一发行价格对应的摊薄后市盈率高于最近一个月的行业平均静态市盈率，中国邮政储蓄银行和中金公司、瑞银证券等 4 家联席主承销商按照证监会的相关规定连续三周对外发布了风险提示公告。风险提示期满后，中国邮政储蓄银行与联席主承销商于 2019 年 11 月 28 日组织投资者进行网上、网下申购缴款，并于 12 月 10 日正式在上交所挂牌上市。综上所述，在我国目前的询价发行制度下，IPO 公司及其主承销商未能充分利用现场路演的机会降低外部资本市场投资者与 IPO 公司之间的信息不对称程度和投资者的信息收集成本。此外，由于初步询价和累计投标询价通常各自持续 1~2 天的时间，因此主承销商和 IPO 公司的管理层也无法在询价期间与询价对象就此次发行进行充分的沟通和交流。上述制度安排造成的信息不对称直接影响着询价对象申购报价的合理性，进而影响着我国资本市场中承销商的 IPO 定价效率。

目前，我国正在稳步推进以信息披露为核心的 IPO 注册制改革。注册制下的投资者需要在 IPO 公司信息披露的基础上自行判断是否申购新股、申购的数量和价格，并且需要自担申购风险。IPO 招股说明书和其他公开披露的书面文件由于格式、篇幅和表达方式的限制，无法面面俱到地呈现所有与 IPO 公司内在价值相关的重要信息。此外，就某些已经公开对外披露的信息而言，投资者可能需要

IPO 公司的管理层和承销商给予进一步的解释和说明。Brown 等（2016）、Blankespoor 等（2020）研究发现，IPO 公司的高管能够利用现场路演的机会进一步强调和说明公司的投资价值和投资风险，并且能够使用更加通俗易懂的口头交流语言对 IPO 招股说明书中的关键信息进行总结和概括，从而有助于投资者更加准确地权衡 IPO 公司的投资风险和投资收益。

　　鉴于上述原因，借鉴美国簿记制定价下将现场路演推介活动和询价活动有机地结合起来，鼓励 IPO 公司的管理层和承销商制订合理的路演计划，在路演过程中留出充分的时间与机构投资者进行高效的互动交流不但有助于提高我国资本市场中机构投资者参与 IPO 路演询价的积极性，充分发挥此类投资者的 IPO 价值发现作用，而且有助于承销商培养定价研究能力和风险承受能力较强、具有长期价值投资理念的优质机构投资者客户，通过从此类投资者中收集到的私有信息提高 IPO 定价的合理性。此外，随着信息科技的高速发展，近年来美国资本市场中的 IPO 公司纷纷开始通过互联网现场直播 IPO 路演活动，从而进一步降低了 IPO 公司与外部投资者之间的信息不对称程度，提高了资本市场的信息传递效率。我国 A 股自 2018 年 6 月先后纳入 MSCI、富时罗素和标普道琼斯三大指数后，境外投资者投资我国 IPO 资本市场的积极性不断提升。鼓励我国的 IPO 公司通过网络直播的方式对外公开路演推介活动一方面有助于降低境外投资者的信息收集成本，吸引更多的外资进入我国的资本市场；另一方面有助于进一步提高我国新股发行的透明度，充分发挥舆论监督在维护我国证券市场稳定运行中的积极作用。

第五节　本书的实证研究结果对中国
IPO 资本市场的启示

　　与我国现行的询价发行制度强调机构投资者在 IPO 定价中的主导作用不同，在美国的 IPO 资本市场中，簿记制定价下的 IPO 承销商具有完全自主的 IPO 定价权和配股权，承销商在制定 IPO 初始发行价格区间及通过路演询价确定最终的 IPO 发行价格的决策中扮演着至关重要的角色。鉴于此，本书的实证研究部分重点探讨了簿记制定价下承销商路演之前的信息收集活动对 IPO 定价效率的影响，相关的研究发现和研究结论对进一步完善我国的 IPO 询价发行制度，提高我国承销商的 IPO 定价效率具有以下两点启示意义：

一、赋予承销商完全自主的 IPO 定价权和配股权

根据前文对我国 IPO 定价制度背景的分析，在我国现行的 IPO 询价发行制度下，证监会对 IPO 发行市盈率、新股的网上、网下发行比例、IPO 配售对象和配售比例、IPO 首日最高涨跌幅等均做出了严格的行政规定和限制。虽然上述制度在一定程度上起到了避免承销商进行权力寻租，防止新股破发、"三高"等问题的出现，但同时也极大地限制了我国的 IPO 承销商充分发挥自身的 IPO 价值挖掘功能和声誉机制，阻碍了 IPO 定价市场化的发展。本书第四章、第五章与第六章实证分析了美国簿记制定价下承销商的 IPO 定价效率，相关的研究结果显示在法制体系较为健全、投资者保护制度相对完善的美国 IPO 资本市场中，承销商出于自身承销声誉、未来的承销市场份额及诉讼风险的考虑有着强烈的动机提高自身的 IPO 定价效率，降低 IPO 抑价或破发带来的经济和声誉损失。研究发现，簿记制定价下的 IPO 承销商在尽职调查阶段不但能够综合权衡来自 IPO 公司内外部定价信息的收集成本及其 IPO 价值相关性，而且能够根据 IPO 公司的信息不对称性和公司治理水平选择合适的 IPO 定价信息收集渠道和承销模式，提高 IPO 初始定价区间的合理性。此外，本书的研究结果显示，簿记制定价下的 IPO 承销商能够有效地利用 IPO 定价权和配股权从参与路演询价的机构投资者中收集于 IPO 定价有用的私有信息，进一步提高自身的 IPO 定价效率。

总结上述研究发现来看，虽然簿记制定价下的 IPO 承销商具有完全自主的 IPO 定价权和配股权，但承销商从自身当前和长远的利益最大化出发，并未滥用这一权利故意抬高或压低 IPO 发行价格。与之相反，赋予承销商 IPO 自主定价和自由配售的权利不但有助于承销商综合权衡自身的 IPO 定价风险和收益，充分发

挥承销商在 IPO 定价决策中的主观能动性，而且有助于承销商充分调动机构投资者参与路演询价活动前收集 IPO 定价信息的积极性，鼓励此类投资者通过理性报价向承销商披露 IPO 定价有用的私有信息，协助承销商寻找合理的 IPO 均衡发行价格。虽然我国的 IPO 资本市场在运作机制、开放水平、成熟程度等方面与美国资本市场仍存在较大的差异，但随着我国新兴资本市场的不断成熟及国际化进程的加速推进，我国证券市场中的 IPO 承销商和机构投资者的风险分析和定价研究能力将进一步提高（李百兴、李瑞敬，2016）。此外，随着我国 IPO 资本市场监管要求和投资者保护制度的不断健全与完善，IPO 承销商之间以及机构投资者之间的业务竞争将进一步加剧，询价机构非理性报价及承销商 IPO 定价不当的机会成本将大幅提高（张学勇、张秋月，2019）。鉴于上述原因，未来我国应当在继续加强证券市场法制建设同时进一步放开对承销商 IPO 定价权和配股权的限制，一方面通过建立 IPO 承销市场的良性竞争和优胜劣汰机制增强承销商的新股定价和配售能力，鼓励 IPO 承销商充分发挥自身在新股发行中的信息收集和价值认证作用；另一方面通过合理的 IPO 抑价和配股充分调动机构投资者参与 IPO 定价的积极性，满足投资价值研究能力和风险承受能力不同的机构投资者差异化的 IPO 申购需求。

二、鼓励承销商积极利用二级资本市场股价中的信息

IPO 公司信息不对称性较高的固有特征决定了承销商必须积极拓宽自身的 IPO 定价信息收集渠道，通过制定合理的 IPO 发行价格降低外部资本市场投资者与 IPO 公司之间的信息不对称程度，提高实体经济中资本的有效配置。本书第四章研究了美国资本市场中的股价信息含量与承销商 IPO 定价效率之间的关系，结果发现簿记制定价下的 IPO 承销商在路演询价之前能够积极地利用二级资本市场股价中于 IPO 定价有用的信息提高新股发行价格的合理性。

对于我国的 IPO 承销商来说，股价信息在 IPO 定价决策中的重要性体现在以下两个方面：一方面，资本市场中证券承销业务的本质是以盈利为目标的商业服务活动，因此我国的 IPO 承销商在收集信息判定 IPO 公司的内在价值时必然需要

综合权衡各类 IPO 定价信息的收集成本和收益。前文的研究结果显示与来自 IPO 公司内部的定价信息相比，股价信息公开、及时、低成本和相对客观的特征决定了此类信息对承销商的 IPO 定价决策具有重要的价值。另一方面，我国证监会在 2012 年 5 月新修订的《证券发行与承销管理办法》中引入了海外成熟资本市场 IPO "静默期"的规定，从而极大地限制了承销商路演询价之前与外部资本市场投资者沟通交流，获取 IPO 定价信息的机会（史光青，2013）。鉴于此，我国资本市场中采用询价发行的 IPO 承销商在尽职调查阶段必须积极拓宽自身的 IPO 定价信息收集渠道。根据本书理论研究部分的分析，二级资本市场中的股价信息具有公共品非排他性和非竞争性的特征，因此承销商应当通过高效地收集和分析此类信息提高自身的 IPO 定价效率。

虽然与美国半强式有效的资本市场相比，我国弱势有效的资本市场中的股价信息含量相对较低（李新颖，2019），但是从以往研究我国资本市场股价信息含量的文献来看，随着我国证券市场的不断规范发展，二级资本市场中的股价信息含量也在不断地提高，资本市场参与者能够利用从股价中收集到的增量信息优化自身的经济决策。例如，侯永建（2006）以 1998~2003 年我国 A 股的上市公司为研究样本，最早实证分析了股价信息含量与企业投资支出之间的关系，结果发现信息含量较高的股价显著提高了上市公司的投资效率。朱红军等（2007）以 2004~2005 年我国 A 股的上市公司为样本研究了证券分析师对我国资本市场运行效率的影响，结果发现证券分析师的信息收集活动显著提高了我国二级资本市场中的股价信息含量，增强了股价信息对资源配置的引导作用。游家兴（2008）以 2001~2005 年沪深资本市场中所有的上市公司为样本研究了我国资本市场的信息传递效率与企业资本配置效率之间的关系，结果发现当企业所在行业的股价信息含量较高时，企业投资增减对投资收益的变动更加敏感。杨继伟和聂顺江（2010）以 2001~2008 年我国的制造业上市公司为样本研究了二级资本市场中的股价信息含量与企业资本配置效率之间的关系，结果发现股价信息含量的提高有效地缓解了我国上市公司过度投资和投资不足的问题。李海英和郑妍妍（2010）以 2004~2008 年我国沪市 A 股的上市公司为样本研究了机构投资者在证券市场中扮演的角色，结果发现我国资本市场中较为成熟的机构投资者显著提高了上市公司的股价信息含量，从而有助于中小投资者利用股价中的增量信息实现自身的投资收益，在一定程度上起到了保护投资者的作用。于丽峰等（2014）研究发现，2005 年股权分置改革后，我国二级资本市场中股价信息含量较高的企业投资股价敏感性显著提高。钟覃琳和陆正飞（2018）研究了 2014 年"沪港通"机制试点对资本市场运行效率的影响，结果发现"沪港通"的推行显著提高了我国二级资本市场中的股价信息含量。综合上述研究文献的结论和本书的实证研究结果，随着我国资本市场信息传递效率和股价信息含量的进一步提高，鼓励我国的券商在制定新股发行价格时不但需要关注来自 IPO 公司内部各类于定价有用信息，而且应当充分利用二级资本市场股价中的增量信息降低自身的信息收集成本，通过制定较为合理的新股发行价格增强自身在海内外 IPO 承销市场中的业务竞争力。

第八章 结论与建议

第一节 研究结论

IPO 作为公司发展历程中一个具有里程碑意义的事件得到了学术界的广泛关注和深入研究，其中探讨较多的研究问题之一便是承销商的 IPO 定价效率。本书以公司治理理论、信息不对称理论、委托代理理论、信息成本理论和股价信息含量理论为基础，以 1995~2018 年在美国资本市场上市的 IPO 公司作为主要的研究对象，分别从信息质量、信息数量、信息收集和分析能力三个维度出发实证分析了簿记制定价下承销商路演询价之前的信息收集活动对 IPO 定价效率的影响，并在此基础上通过理论研究的方式进一步对比分析了我国现行的询价发行制度与美国簿记制定价的主要异同以及美国资本市场中承销商的 IPO 定价效率对我国的借鉴和启示意义。本书的主要研究结论总结如下：

第一，本书第四章研究了股价信息含量对承销商 IPO 定价效率的影响。结果发现，IPO 公司同行业已上市公司的股价信息含量越高，承销商路演之前制定的 IPO 发行价格区间越小，IPO 初始发行价格也越接近公司的内在价值，由此表明承销商在 IPO 尽职调查阶段能够积极地从二级资本市场的股价中收集于 IPO 定价有用的信息。此外，研究发现路演之前 IPO 公司同行业公司的股价信息含量越高，承销商路演后对 IPO 初始发行价格的调整幅度越小，IPO 抑价也越低，从而说明当承销商在尽职调查阶段能够以相对较低的成本从二级资本市场的股价中收集到高质量于 IPO 定价有用的信息时，承销商对路演询价中机构投资者私有信息的依赖降低。在上述研究的基础上，本书第四章进一步研究了股价信息含量对承销商 IPO 定价效率的影响与 IPO 公司的信息不对称性和公司治理水平之间的关系，结果发现当 IPO 公司无形资产占总资产比例较高时，二级资本市场中的股价信息含量对承销商 IPO 定价效率的影响减小，即当 IPO 公司内在价值的不确定性较高时，承销商会减少对外部资本市场股价信息的依赖，转而通过尽职调查和路演询价收集于 IPO 定价有用的信息，降低 IPO 定价失误的风险。此外，当独立董事占 IPO 公司董事会成员比例较高时，股价信息含量对承销商 IPO 定价效率的影响降低，说明当 IPO 公司治理水平较高时，承销商在判定 IPO 公司的内在价值时能够更多地依赖从 IPO 公司内部收集到的定价信息。综上所述，本书第四章的研究结果总体显示 IPO 公司外部二级资本市场中的股价信息作为一种低成本、客观、及时的信息来源对承销商 IPO 定价具有重要的参考价值。但是股价信息作为一种间接信息，其 IPO 价值相关性较低，因此承销商在制定 IPO 发行价格时会根据股价信息的质量、信息的收集成本、信息的相关性和可靠性以及 IPO 公司自身的固有特征综合权衡此类信息对 IPO 定价的有用性。

第二，本书第五章以承销商与 IPO 公司之间的地理距离作为承销商"软信息"收集成本的代理变量，重点研究了"软信息"的有效收集对承销商 IPO 定价效率的影响。在控制了可能存在的内生性问题后，研究发现承销商与 IPO 公司的地理距离越近，其制定的 IPO 发行价格区间越小，IPO 初始发行价格也越接近公司的内在价值，从而说明与 IPO 公司地理距离较近的承销商能够以相对较低的成本从 IPO 公司内部收集到更多于定价有用的"软信息"，从而显著地降低了承销商对 IPO 公司内在价值的不确定性。此外，承销商与 IPO 公司之间的地理距离越近，其路演后对 IPO 初始发行价格的调整幅度越小，IPO 抑价也越低，由此说明路演之前"软信息"的有效收集有助于降低承销商对参与路演询价的机构投资者私有信息的需求。在上述研究的基础上，本书第五章进一步研究了 IPO 公司内部"软信息"的收集对承销商 IPO 定价效率的影响与 IPO 公司外部二级资本市场中的股价信息含量和 IPO 公司的信息不对称之间的关系。结果发现，当 IPO 公司同行业已上市公司的股价信息含量较高时，承销商与 IPO 公司之间的地理距离对 IPO 定价效率的影响降低，从而说明当承销商能够从 IPO 公司外部资本市场的股价中以较低的成本获取到较高质量于 IPO 定价有用的信息时，承销商对 IPO 公司内部"软信息"的需求降低。此外，研究发现当 IPO 公司无形资产占总资产比例较高时，IPO 公司内部"软信息"的有效收集对提高承销商的 IPO 定价效率更加重要。总结而言，本书第五章的研究结果显示"软信息"的收集优势能够显著提高承销商的 IPO 定价效率，但此类来自 IPO 公司内部的直接信息与来自 IPO 公司外部资本市场的股价信息具有一定的替代关系。此外，虽然"软信息"的收集和分析成本相对较高，但对于内在价值不确定性较大的 IPO 公司而言，此类信息的有效收集能够显著提高承销商 IPO 定价的合理性。

第三，本书第六章研究了不同的承销模式对承销商 IPO 定价效率的影响。在控制了潜在的内生性问题后，结果发现与独立承销商相比，联合承销商制定的 IPO 发行价格区间更小，初始发行价格也更接近公司的内在价值，由此说明联合承销商在 IPO 尽职调查阶段能够利用自身更强的信息收集和分析能力有效降低与 IPO 公司之间的信息不对称程度。此外，研究发现与独立承销商相比，联合承销商路演询价后的价格调整幅度更大，IPO 抑价较低，从而表明联合承销商不仅能够从参与路演询价的机构投资者中收集到更多有助于判定 IPO 公司内在价值的私有信息，而且能够更加可信地将上述信息传递给外部资本市场的投资者，从而显著降低了投资者对 IPO 公司内在价值的不确定性。在上述研究的基础上，本书第六章进一步探讨了不同的承销模式对 IPO 定价效率的影响与 IPO 公司内在价值不确定性之间的关系，结果发现当 IPO 公司无形资产占总资产比例较高时，联合承销商的信息收集、分析和传播优势对提高承销商的 IPO 定价效率更加重要。最后，本章以联合承销上市的 IPO 公司为样本进行研究，结果发现与"非关系型联合承销商"相比较，"关系型联合承销商"不仅能够利用前期信贷业务中收集到的私有信息提高 IPO 发行价格的合理性，而且能够更加可信地起到 IPO 公司价值认证的作用，从而显著地降低了 IPO 投资者的信息收集成本。综上所述，本书第六章的研究结果总体显示 IPO 联合承销商不仅能够在路演之前的尽职调查过程中利用自身较为充沛的人力、物力和财力资源高效地收集和分析各类 IPO 定价有用的信息，而且能够在路演询价过程中借助自身更加多元化的机构投资者客户群体和更加广泛的信息传播网络收集于 IPO 定价有用的私有信息，并将此类信息可信地传递给 IPO 公司外部资本市场的投资者，从而显著地降低了 IPO 公司与外部投资者之间的信息不对称程度。

第四，本书第七章研究了美国资本市场承销商的 IPO 定价效率对我国的借鉴和启示。通过系统地梳理我国的 IPO 审核制度与定价机制的发展历程及现状，发现我国的 IPO 资本市场自 20 世纪 90 年代初成立至今仅用了 30 多年的时间就完成了海外成熟资本市场近 200 年的发展进程。通过不断改革，我国现行的 IPO 注册制与新股询价发行的方式基本符合国际证券市场的最佳实践。从我国的 IPO 询价制与美国簿记制定价的主要异同来看，虽然上述两种 IPO 定价机制在定价流程上有着一定的相似性，但是证券监管机构、承销商和机构投资者在 IPO 定价中扮演的角色仍存在较大差异。研究结果显示，美国的 IPO 簿记制定价在以下两个方面值得我国借鉴：其一，取消对 IPO 承销商撰写投资价值研究报告的要求，鼓励主承销商在尽职调查阶段投入更多的时间和精力收集于 IPO 定价有用的信息；其二，将路演活动与询价活动有机地结合起来，通过路演询价过程中高效的信息交换鼓励机构投资者理性报价。本书的实证研究结果对我国 IPO 资本市场具有以下两点启示意义：其一，随着我国 IPO 信息披露制度、投资者保护制度、IPO 退市机制等证券市场法律法规的不断健全，赋予主承销商完全自主的 IPO 定价权和配股权有助于引导我国的 IPO 承销商培养具有长期价值投资理念的机构投资者客户，充分发挥承销商和机构投资者在 IPO 公司价值发现中的积极作用；其二，随着我国资本市场由弱势有效向半强势有效的发展过渡，我国二级资本市场中的股价信息含量将进一步提高。鼓励我国的 IPO 承销商积极拓宽自身的 IPO 定价信息收集渠道，通过从股价中收集于 IPO 定价有用的信息降低自身的信息收集成本，提高新股定价的合理性。

第二节 实务建议

随着我国 IPO 注册制的全面实施和金融资本市场对外开放进程的加速，未来将有更多的外资控股券商和外商独资券商进入中国资本市场，与我国本土券商共同竞争国内的 IPO 承销业务（张榆、刘彩萍，2019）。此外，我国本土的 IPO 承销商未来想要做大做强，就必须走向海外资本市场，与国际一流券商同台竞争海外的 IPO 承销业务。承销商的 IPO 定价和配股能力决定了其在 IPO 承销市场中的业务竞争力。结合前文的研究发现和研究结论，本书就如何进一步发挥我国承销商在 IPO 定价中的主观能动性，提高承销商的 IPO 定价效率提出以下两点实务建议：

一、进一步放宽对承销商 IPO 定价权和配股权的限制

在我国现行的询价发行制度下，IPO 主承销商可以通过初步询价或初步询价与累计投标询价相结合的方式确定新股发行价格。询价的目的本身是从定价研究能力较强的机构投资者中收集于 IPO 定价有用的私有信息，提高 IPO 发行价格的合理性。但与海外成熟资本市场中的 IPO 承销商相比较，我国的 IPO 承销商没有完全自主的新股定价权和配股权，从而无法以 IPO 抑价或优先配股的形式对机构投资者私有信息的收集和披露成本进行补偿。上述制度安排一方面导致了我国资本市场中资金较为雄厚、定价研究能力较强的机构投资者没有动力在参加路演询价之前投入较多的时间、精力和成本收集于 IPO 定价有用的信息，此类投资者在询价中给出的报价普遍偏离 IPO 公司内在价值较远（宋顺林、唐斯圆，2016）；另一方面导致询价对象没有动力向承销商披露于 IPO 定价有用的私有信息，参与询价的机构投资者故意抬高或压低 IPO 发行价格的现象屡见不鲜（周孝华等，2013；方辰君，2016），从而降低了我国资本市场服务实体经济的能力。

基于上述原因，随着我国券商 IPO 承销业务水平的不断提升，证监会应当进

一步放宽对承销商 IPO 自主定价和自由配售权利的限制，引导承销商通过培养长期优质的机构投资者客户培育自身的新股销售网络，鼓励承销商通过优先配股及适当的 IPO 抑价充分调动机构投资者挖掘、披露 IPO 定价信息的积极性。此外，为了避免承销的权力寻租行为，证监会在赋予承销商 IPO 定价权和配股权的同时应当进一步完善 IPO 资本市场的监督约束机制，提高机构投资者非理性报价及承销商 IPO 定价不当的机会成本（黄春铃、陈峥嵘，2007；熊正德、郭艳梅，2008），倒逼机构投资者与承销商提高自身的 IPO 价值研究能力，促使承销商在综合权衡自身的承销声誉、当前和长远的经济收益等多方面因素的基础上合理定价。

二、进一步提高我国二级资本市场中的股价信息含量

2001 年，安然、世通等公司爆发严重的财务丑闻，美国的证券监管机构意识到低质量的股价信息无法真实地反映上市公司的内在价值，进而扭曲了资本市场投资者的经济决策，造成了实体经济中资源的错配和浪费。为了恢复投资者对美国资本市场的信心，提高资本市场的运行效率，美国国会于 2002 年 7 月通过了《萨班斯-奥克斯利法案》，加强对上市公司信息披露质量的监管，从而极大地提高了二级资本市场中的股价信息含量（Kaserer et al.，2011；Rezee et al.，2012）。以往探讨股价信息含量经济后果的研究普遍发现，股价信息作为一种公共品具有其他信息不可替代的优势，因此资本市场参与者经常通过积极地收集和分析股价中的增量信息优化自身的经济决策。虽然随着我国资本市场的不断规范发展，我国二级资本市场中的股价信息含量有所提高（朱红军等，2007；于丽峰等，2014；钟覃琳、陆正飞，2018），但与半强势有效的成熟资本市场相比，我国目前的资本市场仍处于弱势有效阶段，市场中的股价信息含量相对较低。例如，顾乃康和陈辉（2010）研究发现，我国资本市场中的投资者仅挖掘了上市公司管理层没有披露的私有信息，而非管理层不具备的私有信息，因此股价信息含量并未影响我国企业的投资股价敏感性。许年行等（2011）从投资者心理学的视角出发研究了我国的股价同步性问题，结果发现我国资本市场中的非理性因素对股价信息含量的影响更为显著。此外，部分学者探讨了我国上市公司的会计信息

质量与股价信息含量之间的关系。黄政和刘怡芳（2016）研究发现，我国上市公司的应计盈余管理和真实盈余管理行为显著降低了二级资本市场中的股价信息含量。王晓珂（2018）研究发现，我国企业会计准则中金融衍生工具会计处理的复杂性降低了公司财务信息的透明度，应用金融衍生工具的上市公司股价信息含量显著较低。袁媛等（2019）研究发现，上市公司间会计信息的可比性显著地提高了我国二级资本市场中的股价信息含量，进而提升了资本市场的运行效率。

基于上述研究发现，为了进一步提高我国二级资本市场中的股价信息含量，我国财政部应当继续完善与金融衍生工具、无形资产等较为复杂的会计科目相关的企业会计准则，确保上市公司及时、准确地为资本市场参与者提供于决策有用的会计信息。此外，我国证监会一方面应当通过进一步完善上市公司的信息披露制度提高二级资本市场的信息透明度与信息传递的效率；另一方面应当通过对上市公司财务报告和内控机制的严格审计与监督落实企业财务舞弊的问责机制，通过提高上市公司会计信息的质量和可比性协助 IPO 承销商和资本市场的广大投资者从二级资本市场的股价中挖掘高质量于 IPO 定价有用的信息，促进资本市场更好地为实体经济服务。

第三节　研究不足

尽管本书通过理论分析和实证研究尽可能深入、系统地探讨了美国 IPO 资本市场中承销商路演之前的信息收集活动对 IPO 定价效率的影响，并在此基础上分析了簿记制定价对我国的借鉴和启示意义，但本书的研究仍存在以下几点不足以及未来可能进一步探究的问题：

一、IPO 公司内在价值的度量

现有研究簿记制定价下承销商 IPO 定价合理性的文献大多采用 IPO 抑价衡量

承销商的 IPO 定价效率。这一度量方式以有效市场假说为基础，认为 IPO 首日的收盘价格能够无系统性差异地代表 IPO 公司的内在价值（Li and Masulis，2004）。虽然美国资本市场的有效性相对较高，使用 IPO 抑价度量承销商的 IPO 定价效率得到了学术界的普遍认可，但美国资本市场仍未达到强势有效的发展阶段，因此使用首日收盘价格作为 IPO 公司内在价值的代理变量仍存在一定的缺陷。

就上述问题而言，由于中国的二级资本市场仍处于弱势有效阶段、证监会对 IPO 首日涨跌幅进行严格的限制等原因，相关领域的研究学者通过使用随机前沿模型估计出的潜在最高边界价格（刘煜辉、沈可挺，2011）、分析师对新股预测价格的中位数（宋顺林、王彦超，2016）等作为 IPO 公司内在价值的代理变量，研究我国新股发行价格的合理性。因此，未来在探讨美国簿记制定价下承销商的 IPO 定价效率时，可以进一步参考上述研究设计构建其他有效度量 IPO 公司内在价值的代理变量。

二、"软信息"对承销商 IPO 定价效率的影响

在研究来自 IPO 公司内部定价有用的"软信息"与承销商 IPO 定价效率之间的关系时，本书借鉴以往相关领域的研究文献，以 IPO 公司与承销商之间的地理距离作为"软信息"收集成本的代理变量，宏观地研究了此类信息的有效收集对承销商 IPO 定价效率的影响，并未深入探讨某种具体的"软信息"与承销商 IPO 定价效率之间的关系。

根据本书理论研究部分的分析，承销商从 IPO 公司内部收集到的于定价有用的"软信息"极为多元化，包括 IPO 公司的企业文化、员工素质、研发创新能力、管理层的经营理念、决策能力、风险意识等。未来的研究可以尝试采用案例研究法、实验研究法或寻找合理的代理变量更加深入地探讨某种具体的"软信息"对承销商 IPO 定价效率的影响以及不同类型的"软信息"在承销商 IPO 定价决策中的相对重要性，以便进一步深化对承销商 IPO 定价内在机理的理解和认识。

参考文献

［1］巴曙松，陈若愚，孙锦华，等．中国股市 IPO 发行与定价方式的演变［J］．调查研究报告，2004（16）：1-12.

［2］毕子男，孙珏．机构投资者对 IPO 定价效率的影响分析［J］．证券市场导报，2007（4）：23-27.

［3］陈鹏程，周孝华．市场情绪、承销商声誉与 IPO 首日收益［J］．财经理论研究，2015（5）：38-46.

［4］陈蓉．IPO 发售机制的国际融合和中国考察［J］．证券市场导报，2002（7）：29-33.

［5］陈胜蓝．财务会计信息与 IPO 抑价［J］．金融研究，2010（5）：152-165.

［6］陈信元，颜恩点，黄俊．关系网络、信息传递与 IPO 利益联盟——基于承销商和机构投资者的实证研究［J］．中国会计评论，2016（2）：249-270.

［7］陈峥嵘．推动上市券商开展跨境业务扩大国内证券行业对外开放［J］．全球化，2019（4）：64-74.

［8］方辰君．机构投资者"迎合"交易行为分析——基于上市公司送转股事件的价格异象［J］．金融经济学研究，2016（5）：48-64.

［9］方琦．证监会加码 IPO 过程监管［J］．经济导刊，2014（1）：20-23.

［10］冯晓，崔毅．创业板超募现象的制度性思考［J］．财会月刊，2010

（8）：31-33.

［11］付彦，邓子欣．浅论深化我国新股发行体制改革的法制路径——以注册制与核准制之辨析为视角［J］．证券市场导报，2012（5）：4-9.

［12］高建宁．我国证券发行监管制度的现状及完善［J］．市场周刊（研究版），2005（6）：4-7.

［13］高敬忠，查宇丰，唐克琴．中美IPO制度比较及其对我国注册制改革的启示［J］．中国注册会计师，2018（8）：118-122.

［14］高敬忠，王媛媛．中国IPO制度的变迁及改革启示［J］．财会月刊，2018（23）：163-168.

［15］高利，罗晓鸣，梁希民，等．新股发行承销的风险及对策建议［J］．证券市场导报，2003（12）：4-9.

［16］耿建新，张驰．IPO定价及询价机制反思［J］．证券市场导报，2013（3）：46-50.

［17］耿建新，张驰．朗玛信息首发中止的原因分析及启示［J］．财务与会计，2012（8）：23-24.

［18］耿建新，周芳．新股发行定价市场化改革实证研究［J］．经济理论与经济管理，2002（11）：34-39.

［19］顾乃康，陈辉．股票流动性、股价信息含量与企业投资决策［J］．管理科学，2010（1）：88-97.

［20］郭泓，赵震宇．承销商声誉对IPO公司定价、初始和长期回报影响实证研究［J］．管理世界，2006（3）：122-128.

［21］韩立岩，伍燕然．投资者情绪与IPOs之谜——抑价或者溢价［J］．管理世界，2007（3）：51-61.

［22］何平，李瑞鹏，吴边．机构投资者询价制下主承销商声誉能帮助公司降低IPO抑价吗？［J］．投资研究，2014（3）：35-53.

［23］侯永建．股票市场的信息生产及其对公司投资的影响——理论与实证分析［D］．上海：复旦大学，2006.

［24］黄春铃，陈峥嵘．IPO 市场承销商声誉机制的形成机理及实证检验 ［J］．证券市场导报，2007（2）：19-25.

［25］黄亮华，谢德仁．核准制下 IPO 市场寻租研究——基于发审委员和承销商灰色关联视角［J］．中国工业经济，2016（3）：20-35.

［26］黄瑜琴，李莉，陶利斌．机构投资者报价行为、承销商定价策略与 IPO 市场表现研究［J］．金融研究，2013（7）：180-193.

［27］黄政，刘怡芳．会计信息质量与股价信息含量——基于会计准则变革前后的比较研究［J］．东北师范大学学报，2016（5）：97-104.

［28］李百兴，李瑞敬．制度导向下的公司质量研究——基于中美上市公司监管制度的差异［J］．财会通讯，2016（6）：25-27.

［29］李冬昕，李心丹，俞红海，等．询价机构报价中的意见分歧与 IPO 定价机制研究［J］．经济研究，2014（7）：151-164.

［30］李海英，郑妍妍．机构投资者对中小投资者利益保护效应分析：基于股价信息含量的实证检验［J］．中央财经大学学报，2010（12）：50-55.

［31］李涵，张剑．新股发行分配机制改革与定价效率研究——基于一个自然实验的视角［J］．投资研究，2013（12）：30-41.

［32］李文华．新股发行定价与配售制度演进和改革审视［J］．南方金融，2014（5）：67-73.

［33］李新颖．资本市场对中期财务报告盈余披露反应实证研究［J］．中国注册会计师，2019（3）：52-56.

［34］林舒，魏明海．中国 A 股发行公司首次公开募股过程中的盈利管理 ［J］．中国会计与财务研究，2000（2）：87-130.

［35］林毅夫．国有股上市流通前景［J］．资本市场，2000（8）：15-16

［36］刘晓峰，李梅．IPO 询价制在中美实施效果的比较及博弈分析［J］．国际金融研究，2007（2）：37-42.

［37］刘煜辉，沈可挺．是一级市场抑价，还是二级市场溢价——关于我国新股高抑价的一种检验和一个解释［J］．金融研究，2011（11）：183-196.

［38］刘毓群．新股询价制度解析及商业银行业务策略［J］．宁夏大学学报（人文社会科学版），2006（3）：98-100.

［39］刘志远，郑凯，何亚南．询价制度第一阶段改革有效吗［J］．金融研究，2011（4）：162-177.

［40］陆正飞，韩非池．承销商地域垄断性与IPO定价——来自中国A股上市公司的经验证据［J］．会计与经济研究，2014（4）：3-16.

［41］罗琦，伍敬侗．投资者关注与IPO首日超额收益——基于双边随机前沿分析的新视角［J］．管理科学学报，2017（9）：46-60.

［42］莫鸿徵，陈彬．R&D信息披露与IPO抑价——基于创业板市场的实证研究［J］．会计之友，2013（1）：100-106.

［43］邱冬阳，陈林，孟卫东．内部控制信息披露与IPO抑价——深圳中小板市场的实证研究［J］．会计研究，2010（10）：34-39.

［44］邵新建，洪俊杰，廖静池．中国新股发行中分析师合谋高估及其福利影响［J］．经济研究，2018（6）：82-96.

［45］邵新建，巫和懋．中国IPO中的机构投资者配售、锁定制度研究［J］．管理世界，2009（10）：28-41.

［46］邵新建，薛熠，江萍，等．投资者情绪、承销商定价与IPO新股回报率［J］．金融研究，2013（4）：127-141.

［47］史光青．中美证券发行静默期制度的适用与比较［J］．上海金融，2013（4）：90-93.

［48］宋双杰，曹晖，杨坤．投资者关注与IPO异象——来自网络搜索量的经验证据［J］．经济研究，2011（1）：145-155.

［49］宋顺林，唐斯圆．首日价格管制与新股投机：抑制还是助长？［J］．管理世界，2019（1）：211-224.

［50］宋顺林，唐斯圆．投资者情绪、承销商行为与IPO定价——基于网下机构询价数据的实证分析［J］．会计研究，2016（2）：66-72.

［51］宋顺林，王彦超．投资者情绪如何影响股票定价？——基于IPO公司

的实证研究 [J] . 管理科学学报, 2016 (5): 41-55.

[52] 宋顺林, 易阳, 谭劲松. AH 股溢价合理吗——市场情绪、个股投机性与 AH 股溢价 [J] . 南开管理评论, 2015 (2): 92-102.

[53] 宋顺林. 平衡的艺术: 承销商高定价行为的理论解释和实证检验 [J] . 中国会计评论, 2019 (2): 263-288.

[54] 孙毅. 新股发行与投资价值研究报告 [J] . 中国证券, 2011 (5): 37-44.

[55] 唐斯圆, 宋顺林. 首日涨停板制度与 IPO 解禁效应——基于投机泡沫视角的分析 [J] . 金融研究, 2020 (4): 186-206.

[56] 田间, 陈晓云. 市场化是股票发行制度改革之方向——股票公开发行模式比较研究 [J] . 金融经济, 2007 (22): 162-163.

[57] 王兵, 辛清泉, 杨德明. 审计师声誉影响股票定价吗——来自 IPO 定价市场化的证据 [J] . 会计研究, 2009 (11): 73-81.

[58] 王林. 开创机构投资者发展新局面 [J] . 中国金融, 2013 (22): 62-64.

[59] 王小锋, 张剑. 创业板 IPO 中的配售机制与定价效率研究 [J] . 投资研究, 2012 (7): 118-130.

[60] 王晓珂. 衍生工具应用与股价同步性 [J] . 厦门大学学报 (哲学社会科学版), 2018 (2): 96-105.

[61] 卫恪锐. 美国 IPO 注册制及其对中国的启示 [J] . 金融与经济, 2017 (10): 84-88.

[62] 魏志华, 曾爱民, 吴育辉, 等. IPO 首日限价政策能否抑制投资者"炒新"? [J] . 管理世界, 2019 (1): 192-210.

[63] 魏志华, 曾爱民, 吴育辉, 等. 补税影响 IPO 抑价吗? ——基于信息不对称理论视角 [J] . 金融研究, 2018 (1): 191-206.

[64] 夏立军. IPO 制度改革亟待解放思想 [J] . 董事会, 2018 (3): 67-68.

［65］熊正德，郭艳梅．证券承销商声誉机制：机理，缺失动因与路径［J］．财经理论与实践，2008（3）：71-75.

［66］许年行，洪涛，吴世农，等．信息传递模式、投资者心理偏差与股价"同涨同跌"现象［J］．经济研究，2011（4）：135-146.

［67］杨记军，赵昌文．定价机制，承销方式与发行成本：来自中国IPO市场的证据［J］．金融研究，2006（5）：51-60.

［68］杨继伟，聂顺江．股价信息含量与企业资本配置效率研究［J］．管理科学，2010（6）：81-90.

［69］游家兴．市场信息效率的提高会改善资源配置效率吗？——基于 R^2 的研究视角［J］．数量经济技术经济，2008（2）：110-121.

［70］于丽峰，唐涯，徐建国．融资约束、股价信息含量与投资股价敏感性［J］．金融研究，2014（11）：159-174.

［71］余峰燕，梁琪．地方关系承销与市场定价有效性研究——基于承销商独立性视角［J］．金融研究，2017（5）：143-159.

［72］俞红海，刘烨，李心丹．询价制度改革与中国股市IPO"三高"问题——基于网下机构投资者报价视角的研究［J］．金融研究，2013（10）：167-180.

［73］袁媛，田高良，廖明情．投资者保护环境、会计信息可比性与股价信息含量［J］．管理评论，2019（1）：206-220.

［74］张彩虹，万华林．关于IPO注册制下证监会行政监管机制的思考——中美两国制度比较及其启示［J］．中国注册会计师，2018（12）：120-123.

［75］张剑．中国IPO询价制下发行效率的随机前沿分析［J］．金融经济学研究，2014（2）：53-61.

［76］张静亚，李晓静，聂广礼．证券公司承销业务风险及应对策略——基于资本市场新股发行制度改革的思考［J］．财会通讯，2016（10）：38-41.

［77］张卫东，苏鑫，陈辉，等．涨幅限制影响IPO抑价了吗？［J］．管理评论，2018（1）：36-45.

［78］张学勇，廖理．风险投资背景与公司IPO：市场表现与内在机理［J］．经济研究，2011（6）：118-132.

［79］张学勇，张秋月．券商声誉损失与公司IPO市场表现——来自中国上市公司IPO造假的新证据［J］．清华金融评论，2019（3）：105-106.

［80］张榆，刘彩萍．内资券商面临挑战［J］．企业家信息，2019（2）：58-61.

［81］郑建明，白霄，赵文耀．"制度绑定"还是"技术溢出"？——外资参股承销商与IPO定价效率［J］．会计研究，2018（6）：62-69.

［82］郑琦，薛爽．承销商自主配售新股问题研究综述［J］．首都经济贸易大学学报，2013（4）：106-116.

［83］郑琦，薛爽．自主配售权、关系投资者与IPO网下配售［J］．外国经济与管理，2015（9）：30-45.

［84］钟覃琳，陆正飞．资本市场开放能提高股价信息含量吗？——基于"沪港通"效应的实证检验［J］．管理世界，2018（1）：169-179.

［85］周孝华，陈鹏程．锁定制度、投资者情绪与IPO定价：基于承销商视角的理论与数值分析［J］．管理工程学报，2017（2）：84-90.

［86］周孝华，姜婷，董耀武．两阶段询价制下的IPO价格形成与需求隐藏研究［J］．系统工程学报，2013（2）：187-193.

［87］朱红军，何贤杰，陶林．中国的证券分析师能够提高资本市场的效率吗——基于股价同步性和股价信息含量的经验证据［J］．金融研究，2007（2）：110-121.

［88］朱红军，钱友文．中国IPO高抑价之谜："定价效率观"还是"租金分配观"？［J］．管理世界，2010（6）：28-40.

［89］Aboody D, Lev B. Information Asymmetry, R&D, and Insider Gains [J]. The Journal of Finance, 2000, 55（6）：2747-2766.

［90］Agarwal S, Hauswald R. Distance and Private Information in Lending [J]. Review of Financial Studies, 2010, 23（7）：2757-2788.

[91] Aggarwal R, Conroy P. Price Discovery in Initial Public Offerings and the Role of the Lead Underwriter [J]. Journal of Finance, 2000, 55 (6): 2903-2922.

[92] Aharony J, Lin C J, Loeb M P. Initial Public Offerings, Accounting Choices, and Earnings Management [J]. Contemporary Accounting Research, 1993, 10 (1): 61-81.

[93] Akerlof G A. The Market for "Lemons": Quality Uncertainty and the Market Mechanism [J]. Quarterly Journal of Economics, 1970, 84 (5): 175-188.

[94] Alam Z S, Chen M A, Ciccotello C S, et al. Does the Location of Directors Matter? Information Acquisition and Board Decisions [J]. Journal of Financial & Quantitative Analysis, 2015, 49 (1): 131-164.

[95] Alford A W. The Effect of the Set of Comparable Firms on the Accuracy of the Price-Earnings Valuation Method [J]. Journal of Accounting Research, 1992, 30 (1): 94-108.

[96] Allen F, Faulhaber G R. Signalling by Underpricing in the IPO Market [J]. Journal of Financial Economics, 1989, 23 (2): 303-323.

[97] Anand A, Gatchev V A, Madureira L, et al. Geographic Proximity and Price Discovery: Evidence from NASDAQ [J]. Journal of Financial Markets, 2011, 14 (2): 193-226.

[98] Anand A, Subrahmanyam A. Information and the Intermediary: Are Market Intermediaries Informed Traders in Electronic Markets? [J]. Journal of Financial and Quantitative Analysis, 2008, 43 (1): 1-28.

[99] Anderson R C, Mansi S A, Reeb D M. Board Characteristics, Accounting Report Integrity, and the Cost of Debt [J]. Journal of Accounting and Economics, 2004 (37): 315-342.

[100] Arnold T, Fisher R P H, North D S. The Effects of Ambiguous Information on Initial and Subsequent IPO Returns [J]. Financial Management, 2010, 39 (4): 1497-1519.

［101］Audretsch D B, Feldman M P. R&D Spillovers and the Geography of Innovation and Production ［J］. American Economic Review, 1996, 86 (3): 630-640.

［102］Bacmann J F, Bolliger G. Who are the Best? Local Versus Foreign Analysts on Latin American Stock Markets ［R］. SSRN Working Paper, 2003.

［103］Bae K, Stulz R, Tan H. Do Local Analysts Know More? A Cross-Country Study of the Performance of Local Analysts and Foreign Analysts ［J］. Journal of Financial Economics, 2008, 88 (3): 581-606.

［104］Bajo E, Chemmanur T J, Simonyan K, Tehranian H. Underwriter Networks, Investor Attention and Initial Public Offerings ［J］. Journal of Financial Economics, 2016, 122 (2): 376-408.

［105］Baker M, Wurgler J. Market Timing and Capital Structure ［J］. Journal of Finance, 2002, 57 (1): 1-30.

［106］Bakke T E, Whited T M. Which Firms Follow the Market? An Analysis of Corporate Investment Decisions ［J］. Review of Financial Studies, 2010, 3 (5): 1941-1980.

［107］Balakrishnan S, Koza M P. Information Asymmetry, Adverse Selection and Joint-Ventures: Theory and Evidence ［J］. Journal of Economic Behavior & Organization, 1993, 20 (1): 99-117.

［108］Baron D P. A Model of the Demand for Investment Banking Advising and Distribution Services for New Issues ［J］. The Journal of Finance, 1982, 37 (4): 955-976.

［109］Barry C B, Muscarella C J, Peavy Ⅲ J W, Vetsuypens M R. The Role of Venture Capital in the Creation of Public Companies: Evidence from the Going-Public Process ［J］. Journal of Financial Economics, 1990, 27 (2): 447-471.

［110］Baumol W J. The Stock Market and Economic Efficiency ［M］. New York: Fordham University Press, 1965.

［111］Beatty R P, Ritter J R. Investment Banking, Reputation, and the Underpricing of Initial Public Offerings ［J］. Journal of Financial Economics, 1986, 15 (1-2): 213-232.

［112］Beatty R P, Welch I. Issuer Expenses and Legal Liability in Initial Public Offerings ［J］. Journal of Law and Economics, 1996, 39 (2): 545-602.

［113］Beaver W H, Mcanally M L, Stinson C H. The Information Content of Earnings and Prices: A Simultaneous Equations Approach ［J］. Journal of Accounting and Economics, 1997, 23 (1): 53-81.

［114］Becker C, Defond M, Jiambalvo J, et al. The Effect of Audit Quality on Earnings Management ［J］. Contemporary Accounting Research, 1998, 15 (1): 1-24.

［115］Ben-Nasr H, Alshwer A A. Does Stock Price Informativeness Affect Labor Investment Efficiency? ［J］. Journal of Corporate Finance, 2016, 38 (1): 249-271.

［116］Bengtsson O, Ravid S A. The Geography of Venture Capital Contracts ［R］. SSRN Working Paper, 2009.

［117］Bennett B, Wang Z. The Real Effects of Financial Markets: Do Short Sellers Cause CEOs to Be Fired? ［R］. SSRN Working Paper, 2018.

［118］Benveniste L M, Busaba W Y, Wilhelm W J. Information Externalities and the Role of Underwriters in Primary Equity Markets ［J］. Journal of Financial Intermediation, 2002, 11 (1): 61-86.

［119］Benveniste L M, Busaba W Y, Wilhelm W J. Price Stabilization as a Bonding Mechanism in New Equity Issues ［J］. Journal of Financial Economics, 1996, 42 (42): 223-255.

［120］Benveniste L M, Spindt P A. How Investment Bankers Determine the Offer Price and Allocation of New Issues ［J］. Journal of Financial Economics, 1989, 24 (2): 343-361.

［121］Benzoni L, Schenone C. Conflict of Interest and Certification in the U. S. IPO Market ［J］. Journal of Financial Intermediation, 2010, 19 (2): 235-254.

［122］Berger A, Miller N, Petersen M, et al. Does Function Follow Organizational Form? Evidence from the Lending Practices of Large and Small Banks ［J］. Journal of Financial Economics, 2005, 76 (2): 237-269.

［123］Berle A A, Gardiner C M. From the Modern Corporation and Private Property ［M］. New Jersey: Transaction Publishers, 1932.

［124］Bernanke B, Gertler M. Agency Costs, Net Worth, and Business Fluctuations ［J］. American Economic Review, 1989, 79 (1): 14-31.

［125］Bhojraj S. Who Is My Peer? A Valuation-Based Approach to the Selection of Comparable Firms ［J］. Journal of Accounting Research, 2002, 40 (2): 407-439.

［126］Blanchard C R, Summers L. The Stock Market, Profit, and Investment ［J］. The Quarterly Journal of Economics, 1993, 108 (1): 115-36.

［127］Blankespoor E, Hendricks B E., Miller G S. The Pitch: Managers' Disclosure Choice During IPO Roadshows ［R］. SSRN Working Paper, 2020.

［128］Boehmer E, Jones C M, Zhang X. Which Shorts are Informed? ［J］. Journal of Finance, 2008, 63 (2): 491-527.

［129］Boehmer E, Wu J. Short Selling and the Price Discovery Process ［J］. Social Science Electronic Publishing, 2013, 26 (2): 287-322.

［130］Bolliger G. The Characteristics of Individual Analysts' Forecasts in Europe ［J］. Journal of Banking and Finance, 2004, 28 (9): 2283-2309.

［131］Bond P, Edmans A, Goldstein I. The Real Effects of Financial Markets ［J］. Annual Review of Financial Economics, 2012, 67 (3): 933-971.

［132］Bond P, Goldstein I, Prescott E S. Market-Based Corrective Actions ［J］. Review of Financial Studies, 2010, 23 (2): 781-820.

［133］Booth J R, Booth L C. Why is IPO Underpricing a Global Phenomenon? ［R］. SSRN Working Paper, 2010.

［134］Booth J R, Smith R L. Capital Raising, Underwriting, and the Certification Hypothesis [J]. Journal of Financial Economics, 1986 (15): 261-281.

[135] Boubaker S, Derouiche I, Lasfer M. Geographic Location, Excess Control Rights, and Cash Holdings [J]. International Review of Financial Analysis, 2015 (42): 24-37.

[136] Brown L D, Call A C, Clement M B, Sharp N Y. The Activities of Buy-side Analysts and the Determinants of Their Stock Recommendations [J]. Journal of Accounting & Economics, 2016, 62 (1): 139-156.

[137] Butler A W, Goktan M S. On the Role of inexperienced Venture Capitalists in Taking Companies Public [J]. Journal of Corporate Finance, 2013, 22 (1): 299-319.

[138] Butler W A. Distance Still Matters: Evidence from Municipal Bond Under-writing [J]. Review of Financial Studies, 2008 (21): 763-784.

[139] Cai N, Ramchand L, Warga A. The Pricing of Equity IPOs that Follow Public Debt Offerings [J]. Financial Management, 2004, 33 (4): 5-26.

[140] Campello M, Giambona E, Graham J R Harvey C R. Liquidity Manage-ment and Corporate Investment During A Financial Crisis [J]. Review of Financial Studies, 2011, 24 (6): 1944-1979.

[141] Campello M, Graham J R. Do Stock Prices Influence Corporate Decisions? Evidence from the Technology Bubble [J]. Journal of Financial Economics, 2013, 107 (1): 89-110.

[142] Carling K, Lundberg S. Asymmetric Information and Distance: An Empiri-cal Assessment of Geographical Credit Rationing [J]. Journal of Economics and Busi-ness, 2005, 57 (1): 39-59.

[143] Carter R, Manaster S. Initial Public offerings and Underwriter Reputation [J]. Journal of Finance, 1990, 45 (4): 1045-1067.

[144] Chakravarty S. Stealth Trading: Which Traders' Trades Move Stock Prices? [J]. Journal of Financial Economics, 2013, 61 (2): 289-307.

[145] Chan K, Chan Y C. Price Informativeness and Stock Return Synchronicity: Evidence from the Pricing of Seasoned Equity Offerings [J]. Journal of Financial Economics, 2014, 114 (1): 36-53.

[146] Chemmanur T J, Krishnan K. Heterogeneous Beliefs, IPO Valuation, and the Economic Role of the Underwriter in IPOs [J]. Financial Management, 2012, 41 (4): 769-811.

[147] Chemmanur T J, Loutskina E. The Role of Venture Capital Backing in Initial Public Offerings: Certification, Screening, or Market Power? [R]. SSRN Working Paper, 2006.

[148] Chemmanur T J, Fulghieri P. Reputation, Renegotiation, and the Choice between Bank Loans and Publicly Traded Debt [J]. Review of Financial Studies, 1994, 7 (3): 475-506.

[149] Chemmanur T J. The Pricing of Initial Public Offerings: A Dynamic Model with Information Production [J]. The Journal of Finance, 1993, 48 (1): 285-304.

[150] Chen H C, Ritter J R. The Seven Percent Solution [J]. The Journal of Finance, 2000, 55 (3): 1105-1131.

[151] Chen Q, Goldstein I, Jiang W. Price Informativeness and Investment Sensitivity to Stock Price [J]. Review of Financial Studies, 2007, 20 (3): 619-650.

[152] Chen S, Bangassa K. Underpricing and Long-Run Performance of Chinese IPOs: The Role of Underwriter Reputation [J]. Financial Markets & Portfolio Management, 2011, 25 (1): 53-74.

[153] Choe H, Kho B C, Stulz R M. Do Domestic Investors Have an Edge? The Trading Experience of Foreign Investors in Korea [J]. Review of Financial Studies, 2004, 3 (6): 795-829.

[154] Chowdhry B, Nanda V. Stabilization, Syndication and Pricing of IPOs [J]. Journal of Financial and Quantitative Analysis, 1996, 31 (1), 25-42.

[155] Chuluun T. The Role of Underwriter Peer Networks in IPOs [J]. Journal

of Banking & Finance, 2014 (51): 62-78.

［156］Chung Y M. Who Knows What and When? The Information Production in MLU-IPOs ［R］. SSRN Working Paper, 2016.

［157］Cliff M T, Denis D J. Do Initial Public Offering Firms Purchase Analyst Coverage with Underpricing? ［J］. The Journal of Finance, 2004, 59 (6): 2871-2901.

［158］Cliffs N J, Binary M M, Gatchev V A, et al. The Role of Underwriter-Investor Relationships in the IPO Process ［J］. Journal of Financial and Quantitative Analysis, 2007, 42 (3): 785-809.

［159］Cornelli F, Goldreich D. Book-Building: How Informative is the Order Book? ［J］. Journal of Finance, 2003, 58 (4): 1415-1443.

［160］Corwin S A, Schultz P. The Role of IPO Underwriting Syndicates: Pricing, Information Production, and Underwriter Competition ［J］. The Journal of Finance, 2005, 60 (1): 443-486.

［161］Corwin S A, Stegemoller M. The Changing Nature of Investment Banking Relationships ［R］. SSRN Working Paper, 2013.

［162］Coval J, Moskowitz T. Home Bias at Home: Local Equity Preference in Domestic Portfolios ［J］. Journal of Finance, 2010, 54 (6): 2045-2073.

［163］Cumming D, Dai N. Local Bias in Venture Capital Investments ［J］. Journal of Empirical Finance, 2010, 17 (3): 362-380.

［164］Datsuke, ARAI. Complementary Relation between Hard-information and Soft-information in the Loan Market of Smaller Businesses ［J］. Political Economy Quarterly, 2010, 46 (3): 54-64.

［165］Defond M L, Francis J R, Hallman W J. Awareness of SEC Enforcement and Auditor Reporting Decisions ［J］. Contemporary Accounting Research, 2018, 35 (3): 277-313.

［166］Degryse H, Ongena S. Distance, Lending Relationships, and Competition

[J]. Journal of Finance, 2005, 60 (1): 231-266.

[167] Delong G. Stockholder Gains from Focusing Versus Diversifying Bank Mergers [J]. Journal of Financial Economics, 2001, 59 (2): 221-252.

[168] Devenow A, Welch I. Rational Herding in Financial Economics [J]. European Economic Review, 1996, 40 (5): 603-615.

[169] DeYoung R, Glennon D, Nigro P. Borrower-Lender Distance, Credit Scoring, and Loan Performance: Evidence from Informational-Opaque Small Business Borrowers [J]. Journal of Financial Intermediation, 2008, 17 (1): 113-143.

[170] Diamond D, Verrecchia R. Disclosure, Liquidity, and the Cost of Capital [J]. Journal of Finance, 1991, 46 (4): 1325-1359.

[171] Doidge C, Karolyi G A, Stulz R M. The U. S. Left Behind? Financial Globalization and the Rise of IPOs Outside the U.S. [J]. Journal of Financial Economics, 2013, 110 (3): 546-573.

[172] Dow J, Goldstein I, Guembel A. Incentives for Information Production in Markets Where Prices Affect Real Investment [R]. SSRN Working Paper, 2007.

[173] Dow J, Gorton G. Stock Market Efficiency and Economic Efficiency: Is there a Connection? [J]. Journal of Finance, 1997 (52): 1087-1129.

[174] Drucker S, Puri M. On the Benefits of Concurrent Lending and Underwriting [J]. Journal of Finance, 2005, 60 (6): 2763-2799.

[175] Ducharme L L, Malatesta P H, Sefcik S E. Earnings Management: IPO Valuation and Subsequent Performance [J]. Journal of Accounting Auditing and Finance, 2001, 16 (4): 369-396.

[176] Dunbar C G. Factors Affecting Investment Bank Initial Public Offering Market Share [J]. Journal of Financial Economics, 1997, 55 (1): 3-41.

[177] Durnev A, Morck R, Yeung B, Zarowin P. Does Greater Firm-Specific Return Variation Mean More or Less Informed Stock Pricing? [J]. Journal of Accounting Research, 2003, 41 (5): 797-836.

[178] Durnev A, Morck R, Yeung B. Value-Enhancing Capital Budgeting and Firm-Specific Stock Return Variation [J]. The Journal of Finance, 2004, 59 (1): 65-105.

[179] Eckbo E, Thorburn K. Gains to Bidder Firms Revisited: Domestic and Foreign Acquisitions in Canada [J]. Journal of Financial and Quantitative Analysis, 2000, 35 (1): 1-25.

[180] Edmans A, Goldstein I, Jiang W. The Real Effects of Financial Markets: The Impact of Prices on Takeovers [J]. Journal of Finance, 2012, 67 (3): 933-971.

[181] Ellis K, Michaely R, O'Hara M. When the Underwriter is the Market Maker: An Examination of Trading in the IPO Aftermarket [J]. The Journal of Finance, 2000, 55 (3): 1039-1074.

[182] Fama E F, Jensen M C. Separation of Ownership and Control [J]. Journal of Law and Economics, 1983, 26 (2): 301-325.

[183] Foucault T, Frésard L. Cross-Listing, Investment Sensitivity to Stock Price, and the Learning Hypothesis [J]. Review of Financial Studies, 2012, 25 (11): 3305-3350.

[184] Foucault T, Frésard L. Learning from Peers' Stock Prices and Corporate Investment [J]. Journal of Financial Economics, 2014, 111 (3): 554-577.

[185] Freund C, Weinhold D. On the Effect of the Internet on International Trade [J]. Journal of International Economics, 2004, 62 (1): 171-189.

[186] Giammarino R, Heinkel R, Hollifield B, Li K. Corporate Decisions, Information and Prices: Do Managers Move Prices or Do Prices Move Managers [J]. Economic Notes, 2011, 33 (1): 83-110.

[187] Gilson S C, Hotchkiss E S, Ruback R S. Valuation of Bankrupt Firms [J]. Review of Financial Studies, 2000, 13 (1): 43-74.

[188] Goldstein M, Irvine P, Puckett W A. Purchasing IPOs with Commissions:

Theoretical Predictions and Empirical Results [J]. Journal of Financial and Quantitative Analysis, 2011, 46 (5): 1193-1225.

[189] Gompers P A. Grandstanding in the Venture Capital Industry [J]. Journal of Financial Economics, 1996, 42 (1): 133-156.

[190] Gompers P A. Optimal Investment, Monitoring, and the Staging of Venture Capital [J]. Journal of Finance, 1995, 50 (5): 1461-1489.

[191] Grimaud A, Laffont J J, Martimort D. Delegation and Supervision with Soft Information [J]. Review of Economic Studies, 2010, 70 (2): 253-279.

[192] Grinblatt M, Keloharju M. How Distance, Language and Culture Influence Stockholdings and Trades? [J]. Journal of Finance, 2001, 56 (3): 1053-1073.

[193] Grossman S. On the Efficiency of Competitive Stock Markets Where Trades Have Diverse Information [J]. Journal of Finance, 1976, 31 (2): 573-585.

[194] Grullon G, Michenaud S, Weston J P. The Real Effects of Short-Selling Constraints [J]. Review of Financial Studies, 2011, 28 (6): 1737-1767.

[195] Habib M, Ljungqvist A. Underpricing and Entrepreneurial Wealth Losses in IPOs: Theory and Evidence [J]. Review of Financial Studies, 2001, 14 (2): 433-458.

[196] Hamdi Ben-Nasr, Abdullah A Alshwer. Does Stock Price Informativeness Affect Labor Investment Efficiency? [J]. Joural of Corporate Finance, 2016 (38): 249-271.

[197] Haniffa R, Cooke T. Culture, Corporate Governance and Disclosure in Malaysian Corporations [J]. Abacus, 2002, 38 (3): 317-349.

[198] Hanley K W, Hoberg G. The Information Content of IPO Prospectuses [J]. Review of Financial Studies, 2009, 23 (7): 2821-2864.

[199] Hanley K. The Underpricing of Initial Public Offerings and the Partial Adjustment Phenomenon [J]. Journal of Financial Economics, 1993, 34 (2): 231-250.

［200］Hart O, Zingales L. A New Capital Regulation for Large Financial Institutions ［J］. American Law and Economics Review, 2011, 13 (2): 453-490.

［201］Hau H. Location Matters: An Examination of Trading Profits ［J］. Journal of Finance, 2001, 56 (5): 1959-1983.

［202］Hauswald R, Marquez R. Competition and Strategic Information Acquisition in Credit Markets ［J］. Review of Financial Studies, 2006, 19 (3): 967-1000.

［203］Hayek F A. The Use of Knowledge in Society ［J］. American Economic Review, 1945, 35 (4): 519-530.

［204］He J, Tian X. SHO Time for innovation: The Real Effects of Short Sellers ［R］. SSRN Working Paper, 2014.

［205］Heckman J. Sample Selection Bias as a Specification Error ［J］. Econometrica, 1979, 47 (1): 153-161.

［206］Hellwig M F. On the Aggregation of Information in Competitive Markets ［J］. Journal of Economic Theory, 1980, 22 (3): 477-498.

［207］Hirshleifer D, Png I P L. Facilitation of Competing Bids and the Price of a Takeover Target ［J］. Review of Financial Studies, 1989, 2 (4): 587-606.

［208］Hoberg G, Seyhun H N. Do Underwriters Collaborate with Venture Capitalists in IPOs? Implications and Evidence ［R］. SSRN Working Paper, 2009.

［209］Hoffmann-Burchardi U. Clustering of Initial Public Offerings, Information Revelation and Underpricing ［J］. European Economic Review, 2001, 45 (2): 353-383.

［210］Hong H, Kubik J, Stein J. Thy Neighbor's Portfolio: Word-of-Mouth Effects in the Holdings and Trades of Money Managers ［J］. Journal of Finance, 2005, 60 (6): 2801-2824.

［211］Hu W Y, Ritter J R. Multiple Bookrunners in IPOs ［R］. SSRN Working Paper, 2007.

［212］Huang R, Zhang D. Managing Underwriters and the Marketing of Seasoned

Equity offerings [J]. Journal of Financial and Quantitative Analysis, 2011, 46 (1): 141-170.

[213] Huberman G. Familiarity Breeds Investment [J]. Review of Financial Studies. 2001, 14 (3): 659-680.

[214] Ibbotson R G, Jaffe J F. "Hot Issue" Markets [J]. Journal of Finance, 1975, 30 (4): 1027-1042.

[215] Ibbotson R Q, Sindelar J L, Ritter J. Initial Pultic Offerings [J]. Joural of Applied Conporat finance, 1988, 1 (2): 37-45.

[216] Ivkovich Z, Weisbenner S. Local Does as Local is: Information Content of the Geography of individual Investors' Common Stock Investments [J]. Journal of Finance, 2005, 60 (1): 267-306.

[217] Jaffe A B, Trajtenberg M, Henderson R. Geographic Localization of Knowledge Spillovers as Evidenced by Patent Citations [J]. The Quarterly Journal of Economics, 1993, 108 (3): 577-598.

[218] James C, Wier P. Borrowing Relationships, Intermediation and the Cost of Issuing Public Securities [J]. Journal of Financial Economics, 1990, 28 (1-2): 149-171.

[219] Jenkinson T, Jones H. IPO Pricing and Allocation: A Survey of the Views of Institutional Investors [R]. OFRC Working Papers, 2006.

[220] Jensen M C, Meckling W H. Theory of the Firm: Managerial Behavior, A-gency Costs and Ownership Structure [J]. Journal of Financial Economics, 1976, 3 (4): 305-360.

[221] Jeon J Q, Lee C, Nasser T, et al. Multiple Lead Underwriter IPOs and Firm Visibility [J]. Journal of Corporate Finance, 2015 (32): 128-149.

[222] Jill S, Aris S Corporate Governance and Accountability [M]. New York: John Wiley & Sons, 2003.

[223] Kaplan S N, Ruback R S. The Valuation of Cash Flow Forecasts: An Em-

pirical Analysis [J]. Journal of Finance, 1995, 50 (4): 1059-1093.

[224] Kaserer C, Mettler A, Obernberger S. The Impact of the Sarbanes-Oxley Act on the Cost of Going Public [J]. Business Research, 2011, 4 (2): 125-147.

[225] Katmon N, Farooque O A. Exploring the Impact of Internal Corporate Governance on the Relation Between Disclosure Quality and Earnings Management in the UK Listed Companies [J]. Journal of Business Ethics, 2017, 142 (2): 345-367.

[226] Kau B J, Linck S J, Rubin P H. Do Managers Listen to the Market? [J]. Journal of Corporate Finance, 2008, 14 (4): 347-362.

[227] Kedia S, Rajgopal S. Do the SEC's Enforcement Preferences Affect Corporate Misconduct? [R]. SSRN Working Paper, 2011.

[228] Khanna N, Sonti R. Good IPOs Draw in Bad: Inelastic Banking Capacity and Hot Markets [J]. Review of Financial Studies, 2008, 21 (5): 1873-1906.

[229] Khanna N, Sonti R. Value Creating Stock Manipulation: Feedback Effect of Stock Prices on Firm Value [J]. Journal of Financial Markets, 2004, 7 (3): 237-270.

[230] Kim M, Ritter J R. Valuing IPOs [J]. Journal of Financial Economics; 2004, 53 (3): 409-437.

[231] Kiyotaki N, Moore J. Credit Cycles [J]. Journal of the Japanese & International Economy, 1997, 7 (1): 65-79.

[232] Knyazeva A, Knyazeva D, Masulis R W. Effects of Local Director Markets on Corporate Boards [R]. SSRN Working Paper, 2011.

[233] Knyazeva A, Knyazeva D. Does being your Bank's Neighbor Matter? [J]. Journal of Banking and Finance, 2012, 36 (4): 1194-1209.

[234] Krigman L, Shaw W H, Womack K L. Why do Fims Switch Under Writers? [J]. Joumal of Financial Econmics, 2001, 60 (2-3): 245-284.

[235] Kroszner R S, Rajan R G. Is the Glass-Steagall Act Justified? A Study of the U. S. Experience with Universal Banking Before 1933 [J]. American Economic

Review, 1994, 84（4）：810-832.

[236] Kuhnen C. Business Networks, Corporate Governance and Contracting in the Mutual Fund Industry [J] . Journal of Finance, 2009, 64（5）：2185-2220.

[237] Leary M T, Roberts M R. Do Peer Firms Affect Corporate Financial Policy? [J] . The Journal of Finance, 2014, 69（1）：139-178.

[238] Leland H E, Pyle D H. Information Asymmetries, Financial Structure, and Financial Intermediation [J] . Journal of Finance, 1977, 32（2）：371-387.

[239] Lerner J. Venture Capitalists and the Oversight of Private Firms [J] . Journal of Finance, 1995, 50（1）：301-318.

[240] Li X, Masulis R. How do Venture Investments by Different Classes of Financial Institutions Affect the Equity Underwriting Process? [R] . SSRN Working Paper, 2004.

[241] Lichtenstein A. Home-State Investment Bias in Venture Capital Funds [J] . Financial Analysts Journal, 2006, 62（6）：22-26.

[242] Liu B B, Tian X. Is the Stock Market Just a Side Show? Evidence from Venture Capital [R] . SSRN Working Paper, 2016.

[243] Liu S. Corporate Governance and Forward-Looking Disclosure：Evidence from China [J] . Journal of International Accounting Auditing & Taxation, 2015, 25：16-30.

[244] Liu X, Ritter J R. Local Underwriter Oligopolies and IPO Underpricing [J] . Journal of Financial Economics, 2011, 102（3）：579-601.

[245] Ljungqvist A P, Jenkinson T, Wilhelm W J. Global Integration in Primary Equity Markets：The Role of U. S. Banks and U. S. Investors [J] . Review of Financial Studies, 2003, 16（1）：63-99.

[246] Ljungqvist A, Wilhelm W J. IPO Allocations：Discriminatory or Discretionary? [J] . Journal of Financial Economics, 2002, 65（2）：167-201.

[247] Ljungqvist A, Wilhelm W J. IPO Pricing in the Dot-Com Bubble [J] .

Journal of Finance, 2003 (58): 723-752.

［248］Loughran T, Ritter J R, Rydqvist K. Initial Public Offerings: International Insights［J］. Pacific-Basin Finance Journal, 1994, 2 (2-3): 165-199.

［249］Loughran T, Ritter J R. Why Don't Issuers Get Upset about Leaving Money on the Table in IPOs?［J］. Review of Financial Studies, 2002, 15 (6): 413-443.

［250］Loughran T, Ritter J R. Why has IPO Underpricing Changed over Time?［J］. Financial Management, 2004, 33 (3): 5-37.

［251］Loughran T, Schultz P. Liquidity: Urban Versus Rural Firms［J］. Journal of Financial Economics, 2005, 78 (2): 341-374.

［252］Lowry M, Schwert G W. Is the IPO Pricing Process Efficient?［J］. Journal of Financial Economics, 2004, 71 (1): 3-26.

［253］Luo Y Z. Do Insiders Learn from Outsiders? Evidence from Mergers and Acquisitions［J］. Journal of Finance, 2005, 60 (4): 1951-1982.

［254］Maeseneire W D, Deloof M, Inghelbrecht K. The Valuation of IPOs by Investment Banks and the Stock Market: Empirical Evidence［R］. SSRN Working Paper, 2002.

［255］Maksimovic V, Pichler P. Structuring the Initial Offering: Who to Sell to and How to Do it［J］. Review of Finance, 2004, 10 (10): 353-387.

［256］Malloy C. The Geography of Equity Analysis［J］. Journal of Finance, 2005, 60 (2): 719-755.

［257］Mandelker G, Raviv A. Investment Banking: An Economic Analysis of Optimal Underwriting Contracts［J］. Journal of Finance, 1977, 32 (3): 683-694.

［258］Masulis R W, Wang C, Xie F. Globalizing the Boardroom—The Effects of Foreign Directors on Corporate Governance and Firm Performance［J］. Journal of Accounting and Economics, 2012, 53 (3): 527-554.

［259］Megginson W, Weiss K. Venture Capital Certification in Initial Public Offerings [J]. Journal of Finance, 1991, 46 (3): 879-903.

[260] Michaely R, Shaw W H. The Pricing of Initial Public Offerings: Tests of Adverse-Selection and Signaling Theories [J]. Review of Financial Studies, 1994, 7 (2): 279-319.

[261] Miller R E, Reilly F K. An Examination of Mispricing, Returns, and Uncertainty for Initial Public Offerings [J]. Financial Management, 1987, 16 (2): 33-38.

[262] Mok H M K, Hui Y V. Underpricing and Aftermarket Performance of IPOs in Shanghai, China [J]. Pacific-Basin Finance Journal, 1998, 6 (5): 453-474.

[263] Morck R, Shleifer A, Vishny R, Shapiro M, et al. The Stock Market and Investment: Is the Market a Sideshow? [J]. Brookings Papers on Economic Activity, 1990 (2): 157-215.

[264] Morck R, Yeung B, Yu W. The Information Content of Stock Markets: Why do Emerging Markets have Synchronous Stock Price Movements? [J]. Journal of Financial Economics, 2000, 58 (1-2): 215-260.

[265] Morsfield S G, Tan C E L. Do Venture Capitalists Influence the Decision to Manage Earnings in Initial Public Offerings? [J]. Accounting Review, 2006, 81 (5): 1119-1150.

[266] Myers S C, Majluf N S. Corporate Financing and Investment Decisions When Firms have Information that Investors do not Have [J]. Journal of Financial Economics, 1984, 13 (2): 187-221.

[267] Nielsson U, Wójcik D. Proximity and IPO Underpricing [J]. Journal of Corporate Finance, 2016 (38): 92-105.

[268] Nimalendran M, Ritter J R, Zhang D. Do Today's Trades Affect Tomorrow's IPO Allocations? [J]. Journal of Financial Economics, 2007, 84 (1): 87-109.

[269] Ouyang W, Szewczyk S H. Stock Price Firm-Specific Information on the

Choice of Stock Payment in Mergers and Acquisitions [J]. Accounting and Finance, 2019, 59 (2): 1299-1340.

[270] O'Bhen P C, Tan Hongping. Geographic Proxmiey and Analyse Coverage decisions: Endencc from Ipos [J]. Joulnal of Accounting and Economics, 2015, 59 (1): 41-59.

[271] Patton D, Kenney. The Spatial Configuration of the Entrepreneurial Support Network for the Semiconductor Industry [J]. R&D Management, 2005, 35 (1): 1-16.

[272] Petersen M A, Rajan R G. The Benefits of Lending Relationships: Evidence from Small Business Data [J]. Journal of Finance, 1994, 49 (1): 3-37.

[273] Petersen M, Rajan R. Does Distance Still Matter? The Information Revolution in Small Business Lending [J]. Journal of Finance, 2002, 57 (6): 2533-2570.

[274] Pichler P, Wilhelm W. A Theory of the Syndicate: Form Follows Function [J]. Journal of Finance, 2001, 56 (6): 2237-2264.

[275] Pirinsky C, Wang Q. Does Corporate Headquarters Location Matter for Stock Returns [J]. Journal of Finance, 2006, 61 (4): 1991-2015.

[276] Pistor K, Xu C. Governing Stock Markets in Transition Economies: Lessons from China [J]. American Law and Economics Review, 2005, 7 (1): 184-210.

[277] Portes R, Rey H O Y. Information and Capital Flows: The Determinants of Transactions in Financial Assets [J]. European Economic Review, 2001, 45 (4): 783-796.

[278] Purnanandam A K, Swaminathan B. Are IPOs Really Underpriced [J]. Review of Financial Studies, 2004, 17 (3): 811-848.

[279] Ragozzino R, Reuer J J. Contingent Earnouts in Acquisitions of Privately-Held Targets [J]. Journal of Management, 2009, 35 (4): 857-879.

[280] Rajan R G. An Investigation into the Economics of Extending Bank Powers [J]. Journal of Emerging Market Finance, 2002, 1 (2): 125-156.

[281] Rezee Z, Espahbodi R, Espahbodi P, et al. Firm Characteristics and Stock Price Reaction to SOX 404 Compliance [R]. SSRN Working Paper, 2012.

[282] Rin M D, Hellmann T, Puri M. A Survey of Venture Capital Research [R]. SSRN Working Paper, 2011.

[283] Ritter J R. The "Hot Issue" Market of 1980 [J]. Journal of Business, 1984, 57 (2): 215-240.

[284] Ritter J R. The Costs of Going Public [J]. Journal of Financial Economics, 1987, 19 (2): 269-282.

[285] Robert M R, Whited T M. Endogeneity in Empirical Corporate Finance [R]. SSRN Working Paper, 2013.

[286] Rock K. Why New Issues are Underpriced [J]. Journal of Financial Economics, 1986, 15 (1): 187-212.

[287] Roll R. R^2 [J]. The Journal of Finance, 1988, 43 (3): 541-566.

[288] Scharfstein D S, Stein J C. Herd Behavior and Investment [J]. American Economic Review, 1988, 80 (3): 465-479.

[289] Seasholes M S, Zhu N. Individual Investors and Local Bias [J]. The Journal of Finance, 2010, 65 (5): 1987-2010.

[290] Sherman A E, Titman S. Building the IPO Order Book: Underpricing and Participation Limits with Costly Information [J]. Journal of Financial Economics, 2000, 65 (1): 3-29.

[291] Song S L, Tan J S, Yi Y. IPO Initial Returns in China: Underpricing or Overvaluation? [J]. China Journal of Accounting Research, 2014, 7 (1): 31-49.

[292] Song W L. Coexistence and Specialization of Investment Banks and Commercial Banks: Evidence from Corporate Bond Underwriting [R]. SSRN Working Paper, 2004.

［293］Sorenson O, Stuart T E. Syndication Networks and the Spatial Distribution of Venture Capital Investments ［J］. American Journal of Sociology, 1999, 106（6）: 1546-1588.

［294］Spence A M. Time and Communication in Economic and Social Interaction ［J］. Quarterly Journal of Economics, 1973, 87（4）: 651-660.

［295］Stein J. Information Production and Capital Allocation: Decentralized Versus Hierarchical Firms ［J］. Journal of Finance, 2002, 57（5）: 1891-1921.

［296］Stiglitz J E. The Efficiency Wage Hypothesis, Surplus Labour, and the Distribution of Income in L. D. C. s ［J］. Oxford Economic Papers, 1976, 28（2）: 185-207.

［297］Stoughton N M, Wong K P, Zechner J. IPOs and Product Quality ［J］. Journal of Business, 2001, 74（3）: 375-408.

［298］Su D, Fleisher B M. Why does Return Volatility Differ in Chinese Stock Markets? ［J］. Pacific-Basin Finance Journal, 1998, 7（5）: 557-586.

［299］Subrahmanyam A, Titman S. Feedback from Stock Prices to Cash Flows ［J］. The Journal of Finance, 2001, 56（6）: 2389-2413.

［300］Subrahmanyam A, Titman S. Financial Market Shocks and the Macro-Economy ［J］. Review of Financial Studies, 2013, 26（11）: 2687-2717.

［301］Subrahmanyam A, Titman S. The Going Public Decision and the Development of Financial Markets ［J］. Journal of Finance, 1999, 54（3）: 1045-1082.

［302］Sussman O, Zeira J. Banking and Development ［R］. CEPR Discussion Paper, 1995.

［303］Teo M. The Geography of Hedge Funds ［J］. The Review of Financial Studies, 2009, 22（9）: 3531-3561.

［304］Teoh S H, Wong T J, Rao G. Earnings Management and the Long-Term Market Performance of Initial Public Offerings ［R］. SSRN Working Paper, 1994.

［305］Tian L. Regulatory Underpricing: Determinants of Chinese Extreme IPO

Returns [J]. Journal of Empirical Finance, 2011, 18 (1): 78-90.

[306] Tian X. The Causes and Consequences of Venture Capital Stage Financing [J]. Journal of Financial Economics. 2011, 101 (1): 132-159.

[307] Titman S, Trueman B. Information Quality and the Valuation of New Issues [J]. Journal of Accounting and Economics, 1986, 8 (2): 159-172.

[308] Uysal V, Kedia S, Panchapagesan V. Geography and Acquirer Returns [J]. Journal of Financial Intermediation, 2008, 17 (2): 256-275.

[309] Vithanage K, Chung R, Neupane S. Multiple Lead Underwriter IPOs and Heterogeneous Beliefs [R]. SSRN Working Paper, 2017.

[310] Vithanage K, Neupane S, Chung R. Multiple Lead Underwriting Syndicate and IPO Pricing [J]. International Review of Financial Analysis, 2016, 48: 193-208.

[311] Wang W, Yung C. IPO Information Aggregation and Underwriter Quality [J]. Review of Finance, 2011, 15 (2): 301-325.

[312] Welch I. Capital Structure and Stock Returns [J]. Journal of Political Economy, 2004, 112 (1): 106-131.

[313] Williamson O E. Markets and Hierarchies: Analysis and Aulilswst Implicatias [M]. New York: Free Press, 1975.

[314] Wilson R. On the Theory of Syndicates [J]. Econometrica, 1968, 36 (1): 119-132.

[315] Wooldridge J M. Econometric Analysis of Cross Section and Panel Data [M]. Cambridge: MIT Press, 2002.

[316] Wurgler J. Financial Markets and the Allocation of Capital [J]. Journal of Financial Economics, 2000, 58 (1-2): 187-214.

[317] Yasuda A. Do Bank Relationships Affect the Firm's Underwriter Choice in the Corporate-Bond Underwriting Market? [J]. Journal of Finance, 2005, 60 (3): 1259-1292.